MARCO POLO

DRESDEN

MIT UMGEBUNG

Reisen mit
Insider
Diese Tips sind di
Empfehlungen
Sie sind im Tex

Vier Symbole sollen Ihnen die Orientierung in diesem Führer erleichtern:

★

für Marco Polo Tips – die besten in jeder Kategorie

für alle Objekte, bei denen Sie auch eine schöne Aussicht haben

für Treffpunkte für junge Leute

(A 1)
Koordinaten für die Übersichtskarte
(O) *außerhalb des Stadtplanausschnitts*

Diesen Führer schrieben Margot Pfannstiel und Klaus Polkehn. Sie arbeiten seit vielen Jahren als Journalisten in Ostberlin.
Die Marco Polo Reihe wird herausgegeben von Ferdinand Ranft.

MAIRS GEOGRAPHISCHER VERLAG

MARCO POLO

Für Ihre nächste Reise gibt es folgende Titel dieser Reihe:

Ägypten • Alaska • Algarve • Allgäu • Amrum/Föhr • Amsterdam • Andalusien • Antarktis • Argentinien/Buenos Aires • Athen • Australien • Bahamas • Bali/Lombok • Baltikum • Bangkok • Barcelona • Bayerischer Wald • Berlin • Berner Oberland • Bodensee • Bornholm • Brasilien/Rio • Bretagne • Brüssel • Budapest • Bulgarien • Burgenland • Burgund • Capri • Chiemgau/Berchtesgaden • China • Costa Brava • Costa del Sol/Granada • Costa Rica • Côte d'Azur • Dänemark • Disneyland Paris • Dolomiten • Dominik. Republik • Dresden • Dubai/Emirate/Oman • Düsseldorf • Eifel • Elba • Elsaß • England • Erzgebirge/Vogtland • Feuerland/Patagonien • Finnland • Flandern • Florenz • Florida • Franken • Frankfurt • Frankreich • Frz. Atlantikküste • Fuerteventura • Galicien/Nordwest-Spanien • Gardasee • Gran Canaria • Griechenland • Griech. Inseln/Ägäis • Hamburg • Harz • Hawaii • Heidelberg • Holland • Hongkong • Ibiza/Formentera • Indien • Ionische Inseln • Irland • Ischia • Island • Israel • Istanbul • Istrien • Italien • Italien Nord • Italien Süd • Ital. Adria • Ital. Riviera • Jamaica • Japan • Java/Sumatra • Jemen • Jerusalem • Jordanien • Kalifornien • Kanada • Kanada Ost • Kanada West • Karibik: Große Antillen • Karibik: Kleine Antillen • Kärnten • Kenia • Köln • Kopenhagen • Korsika • Kreta • Krim/Schwarzmeerküste • Kuba • Lanzarote • La Palma • Leipzig • Libanon • Lissabon • Lofoten • Loire-Tal • London • Luxemburg • Madagaskar • Madeira • Madrid • Mailand/Lombardei • Malediven • Mallorca • Malta • Mark Brandenburg • Marokko • Masurische Seen • Mauritius • Mecklenburger Seenplatte • Menorca • Mexiko • Mosel • Moskau • München • Namibia • Nepal • Neuseeland • New York • Normandie • Norwegen • Oberbayern • Oberital. Seen • Oberschwaben • Österreich • Ostfries. Inseln • Ostseeküste: Mecklbg.-Vorp. • Ostseeküste: Schlesw.-Holst. • Paris • Peking • Peloponnes • Pfalz • Polen • Portugal • Potsdam • Prag • Provence • Rhodos • Rom • Rügen • Rumänien • Rußland • Salzburg/Salzkammergut • San Francisco • Sardinien • Schottland • Schwarzwald • Schweden • Schweiz • Seychellen • Singapur • Sizilien • Slowakei • Spanien • Spreewald/Lausitz • Sri Lanka • Steiermark • St. Petersburg • Südafrika • Südamerika • Südengland • Südkorea • Südsee • Südtirol • Sylt • Syrien • Taiwan • Teneriffa • Tessin • Thailand • Thüringen • Tirol • Tokio • Toskana • Tschechien • Tunesien • Türkei • Türk. Mittelmeerküste • Umbrien • Ungarn • USA • USA: Neuengland • USA Ost • USA Südstaaten • USA West • Usedom • Venedig • Vietnam • Wales • Die Wartburg/Eisenach und Umgebung • Weimar • Wien • Zürich • Zypern • Die 30 tollsten Ziele in Europa • Die tollsten Hotels in Deutschland • Die tollsten Restaurants in Deutschland •

Die Marco Polo Redaktion freut sich, wenn Sie ihr schreiben:
Marco Polo Redaktion, Mairs Geographischer Verlag
Postfach 31 51, D-73751 Ostfildern

Unsere Autoren haben nach bestem Wissen recherchiert. Trotzdem schleichen sich manchmal Fehler ein, für die der Verlag keine Haftung übernehmen kann.

Titelbild: Brühlsche Elbterrassen (Silvestris/Stadler)
Fotos: Cesa (46, 49); Kallabis (4, 25, 40, 43, 45); KHTD (54); laif/Huber (51); Mauritius: Burger (62), fm (70), Gruber (10), Mehling (81, 87), Messerschmidt (22), Rauch (73), Rossenbach (8, 68), Thiele (Umschlagklappe, 14), Waldkirch (85, 86, 89); Santor (59); Schapowalow: Backhaus (23, 35), Messerschmidt (34, 56), Scholz (20); Schuster: Bull (52), Dumrath (64); Silvestris: Stadler (36); Timmermann (60, 61); Transglobe: Bassewitz (66), Harlandt (92), Hartmann (91), Kanicki (50), Tschanz-Hofmann (74, 78)

5., aktualisierte Auflage 1996

Gestaltung: Thienhaus/Wippermann (Büro Hamburg)
Kartographie: Mairs Geographischer Verlag

Printed in Germany
Gedruckt auf 100% chlorfreiem Papier

INHALT

Entdecken Sie Dresden!

Wir stellen vor: die Metropole europäischer Kunst, das Elbflorenz Augusts des Starken, die Stadt, die am 13. Februar 1945 unterging und wiederauferstanden ist

Der Morgen war herrlich. Die Vögel sangen, und die jungen Hirsche spielten am Wege. Auf einmal lag Dresden vor mir auf einer weitläufigen Ebene, durch welche die stille Elbe fließt. Die grünen Hügel auf der einen Seite des Flusses, die majestätische Stadt und eine weite fruchtbare Ebene, die machen zusammen eine herrliche Ansicht. In einer sehr heiteren Stimmung kam ich nach Dresden und auf den ersten Blick schien mir die Stadt noch schöner als Berlin zu sein.«

Diese Beschreibung des russischen Reiseschriftstellers Nikolai Karamsin stammt aus dem Jahre 1789. Freilich spielen an der Autobahn-Zufahrt nach Dresden keine jungen Hirsche mehr, und auch an der Stadtansicht hat sich vieles geändert, trotzdem läßt sich der 200 Jahre alte Eindruck heute noch nachvollziehen. Wer mit der Eisenbahn ankommt, wird auf den ersten Blick allerdings nichts Majestätisches an Dresden finden.

Die Hofkirche am südlichen Brückenkopf der Augustusbrücke

Aber dieser erste Blick täuscht. Die Prager Straße, die Sie am Bahnhofsausgang betreten, hat mit der Stadt eigentlich nichts zu tun, die beginnt erst richtig ein paar hundert Meter weiter. Schon an der Kreuzkirche, spätestens am Theaterplatz wird verständlich, daß Dresden in der Rangliste deutscher Städte ganz oben steht, seinen Ruf als europäische Kulturmetropole sogar in Zeiten bewahrte, in denen es nur noch wenige Gründe dafür gab.

Elbflorenz – den Namen prägte Johann Gottfried Herder, als er die Stadt am Fluß beschrieb und ihre Kunstschätze mit denen der Uffizien verglich. Als Johann Joachim Winckelmann Dresden ein »Athen für Künstler« nannte, meinte er vor allem die Antikensammlung im Zwinger, damals die einzige dieser Art auf der Welt. August der Starke wollte seine Residenz zu einem »Elbvenedig« machen, die Stadt zum Wasser hin öffnen und den Fluß in die Gestaltung Dresdens einbeziehen. All diese grandiosen Attribute sind berechtigt. Wer am linken Elbufer steht und

Spaziergänge durch Dresden

Die Residenz
Auf relativ engem Raum, zwischen Zwinger und Schloßplatz befinden sich die schönsten und repräsentativsten Bauten aus Dresdens Glanzzeiten: das Schloß mit Georgentor, Taschenbergpalais und »Fürstenzug« im Langen Gang, die Altstädter Wache, die Hofkirche und die Semperoper. Der Zwinger ist natürlich Höhepunkt auf diesem Rundgang, ein Spitzenwerk Pöppelmanns, steingewordenes Märchen. Vom Schloßplatz führt die Augustusbrücke über die Elbe zum Goldenen Reiter, Denkmal für August den Starken, der diese Stadt so sehr prägte.

Canaletto-Blick
Gründliche Besucher können vergleichen: das berühmte Bild im Albertinum und den Standort des italienischen Künstlers Canaletto, als er das Bild malte. Er befand sich dort, wo heute das Hotel Bellevue steht. Aus dem Fenster des historischen Gebäudeteils hat man den gleichen Blick auf die Stadt wie Canaletto vor fast 250 Jahren. Am schönsten ist er abends, wenn sich Hofkirche und Semperoper, farbig angestrahlt, im Wasser widerspiegeln.

Ein Stadtführer besonderer Art sind Canalettos Dresden-Veduten. Reproduktionen bietet das Albertinum an. Allerdings sind die Vergleiche zur heutigen Realität oft sehr schmerzlich.

Das romantische Dresden
Man findet es auf der rechtselbischen Seite, in Dresden-Neustadt. Über die Augustusbrücke dem Weg des Goldenen Reiters folgend, gelangt man in die wohl schönste Straße Dresdens: alte Platanen, Skulpturen, Blumenrabatten, barocke und klassizistische Bürgerhäuser, kleine Läden und Restaurants. Mittendrin das berühmte Kügelgenhaus. (Hauptstraße)

Elbflorenz
Die herrliche landschaftliche Lage der Stadt erfaßt man erst, wenn man an einem schönen Tag auf den Elbhängen spazierengeht. Vom Weißen Hirsch oder vom Luisenhof hat man einen zauberhaften Blick auf Dresden und seine Umgebung. Vom Körnerplatz fahren Standseil- und Schwebeseilbahn in die Höhe. Keinesfalls versäumen: eine Fahrt mit den Schiffen der Dampfschiffahrt. Sie starten am linken Elbufer, unterhalb der Brühlschen Terrasse, auch »Europas Balkon« genannt.

Stadt der schönen Künste
Nicht als Pflichtübung sollte der Besuch des Semperbaus verstanden werden. Eher als Bummel durch die Epochen der Malerei. Sie sind alle vertreten und mit den besten Werken ihrer Zeit. Eine solche Fülle, Vielfalt und Ausgewogenheit ist sonst selten in solchen Sammlungen zu finden.

hinüber zur Altstadt blickt, wird von dem einzigartigen Panorama tief beeindruckt sein: Da ist die das Stadtbild beherrschende Kathedrale, die Brühlsche Terrasse mit der Sekundogenitur, die hohe Kuppel der Kunstakademie, die Türme der Kreuzkirche, der Rathausturm mit dem »Goldenen Mann«. Jedes dieser Bauwerke ist eine Perle der Architektur.

Und da haben wir noch nicht einmal den Zwinger genannt, dieses Spitzenwerk höfischen Barocks, die weltberühmte Semperoper, das Albertinum mit dem Grünen Gewölbe, den Fürstenzug im Langen Gang. Ehe die Details zur Differenzierung zwingen, sei erst einmal festgestellt: Dresden ist schön. Es bietet eine Stadtlandschaft nach menschlichem Maß, überall überschaubar, keine überquellende Millionenstadt, eher von freundlich-intimem Charakter, mit einer erstaunlichen Mischung aus Weltoffenheit und Provinzialität. Das begründet auch, warum es so viele interessante Weltenbürger nach Dresden zog und warum sie es meistens schon nach kurzer Zeit wieder verließen. Heinrich von Kleist war vor allem von der »großen feierlichen Lage« Dresdens begeistert. Genauso Friedrich Schiller, der nennt aber nach zweijährigem Aufenthalt die Dresdner ein »seichtes, zusammengeschrumpftes unleidliches Volk, bei dem einem nie wohl wird«. Carl Maria von Weber, der in Dresden außerordentlich erfolgreich war, schreibt dennoch von der »lähmenden, jedem hohen Schwung hinderlichen Luft«, aber: »Ich kann aus dem verflucht hübschen Nest nicht heraus.«

Der in der Elbestadt geborene Erich Kästner sieht seine Heimat so: »Dresden war eine wunderbare Stadt, voller Kunst und Geschichte und trotzdem kein von 650 000 Dresdnern zufällig bewohntes Museum. Die Vergangenheit und die Gegenwart lebten miteinander im Einklang. Eigentlich müßte es heißen im Zweiklang. Und mit der Landschaft zusammen, mit der Elbe, den Brücken, Hügelhängen, den Wäldern und den Gebirgen am Horizont, ergab sich sogar ein Dreiklang. Geschichte, Kunst und Natur schwebten über Stadt und Tal, vom Meißner Dom bis zum Großsedlitzer Schloßpark, wie ein von seiner eigenen Harmonie bezauberter Akkord.« Kästners liebevolle Beschreibung ist ein Rückblick aus der schmerzhaften Gegenwart des Jahres 1945, als die Stadt bis auf einige Reste vom Erdboden verschwunden war. »Der Zweite Weltkrieg hat sie, in einer einzigen Nacht und mit einer einzigen Handbewegung, weggewischt. Jahrhunderte hatten ihre unvergleichliche Schönheit geschaffen. Ein paar Stunden genügten, um sie vom Erdboden fortzuhexen.«

Das geschah am 13. Februar 1945. Zu dieser Zeit gab es am Ausgang des Krieges, am Sieg der Anti-Hitler-Koalition keinen Zweifel mehr. Dresden war von den systematischen Bombardements verschont geblieben, die Dresdner glaubten fest daran, daß ihre Stadt heil davonkomme. Auch deshalb waren viele tausend Flüchtlinge aus den Ostgebieten hier geblieben,

In Dresden ein Muß: ein Besuch im Zwinger

um das Ende des Krieges abzuwarten. Und so war am Abend des 13. Februar, als gegen 22 Uhr die Sirenen heulten, niemand ernsthaft beunruhigt, auch dann noch nicht, als die ersten Markierungsbomben über dem Sportstadion hingen. 25 Minuten später brannte die Stadt. 1300 Spreng- und 137000 Brandbomben wurden abgeworfen – das Kommando der 5. Britischen Bomberflotte hat genau Buch geführt. Drei Stunden später folgte die »zweite Welle« – 529 Lancaster-Bomber benötigten keine Orientierungshilfe mehr – das Flammenmeer war unübersehbar. Als in den Mittagsstunden des folgenden Aschermittwoch noch einmal 300 amerikanische Bomber »nachfaßten«, wurden auch die letzten Reste der Stadt zerstört, die einmal zu den schönsten Europas zählte. Über 30000 Menschen waren tot, erstickt, verbrannt, erschlagen; unersetzliche Kunstwerke vernichtet. Militärisch wichtige Objekte wie Kasernen, Eisenbahnbrücken blieben jedoch intakt. Der Dichter Gerhart Hauptmann, der das Drama mit- und überlebte, schrieb: »Wer das Weinen verlernt hat, der lernt es wieder beim Untergang Dresdens.«

Es war ein furchtbares Verbrechen, eines der vielen, die es im Zweiten Weltkrieg gab. Erich Kästner: »Noch heute streiten sich die Regierungen der Großmächte, wer Dresden ermordet hat. Niemand will es gewesen sein. Ach, was soll der Streit? Damit macht Ihr Dresden nicht lebendig. Nicht die Schönheit und nicht die Toten. Bestraft künftig die Regierungen und nicht die Völker!«

Es bedurfte riesiger Anstrengungen, die Stadt aus der Agonie zu reißen. Viele Wunden sind bis heute nicht geschlossen, andere schlecht vernarbt. Trotzdem gibt es Plätze, Ecken, Winkel, wo man beinahe vergessen kann, was Dresden widerfuhr. Auf dem Theaterplatz, im Zwinger, an der Brühlschen Terrasse, auf dem Weißen Hirsch hat Dresden wieder seinen alten Glanz. Dagegen ist er anderswo, zum Beispiel am Neumarkt oder in der Prager Straße, wohl unwiderruflich abhanden gekommen, auch, weil dem Bombardement eine zweite Zerstörung folgte, diesmal – so paradox es klingen mag – durch den Neuaufbau. In normierter Block- oder Plattenbauweise wurden Häuserzeilen hochgezogen, ohne jedes Gefühl für die Struktur der Stadt, für ihre Baukultur. Es sollten schnell viele Wohnungen geschaffen werden, ein verständliches Anliegen zwar, aber mit untauglichen Mitteln umgesetzt. Bauvandalismus gab es auch in vielen anderen deutschen Städten; aber hier wirkte er sich besonders verheerend aus, weil Dresden ein Gesamtkunstwerk war. Die Hoffnung der Dresdner auf eine Wende auch im Städtebau scheint sich indes nur zum Teil zu erfüllen. Die Proteste gegen das ignorante Vorgehen privater Investoren mehren sich.

Wer die Stadt in ihrer ursprünglichen Schönheit sehen will, muß in den Semperbau gehen. Dort hängen in der Galerie Alter Meister die Stadtansichten von Canaletto. Der italienische Künstler kam 1747 nach Dresden, um im Auftrag Augusts III. die sächsische Residenz zu malen. Jeden Monat hatte Canaletto ein Bild beim König abzuliefern, zusätzlich eine Kopie beim Grafen Brühl; 14 Veduten insgesamt, eine einzigartige Dokumentation. Alle historischen Bauwerke, die wir so sehr schätzen oder vermissen, waren damals ganz neu, zum Ruhm und zur Ehre des sächsischen Fürstenhauses errichtet. Canaletto malte jedoch nicht nur die Repräsentationsbauten, sondern auch das Umfeld, den Alltag der barocken Stadt.

Ohne August II. und seinen Sohn, August III., hätte es dieses Dresden nie gegeben. Wer also ein Faible für Geschichte hat oder für Geschichten über tolle Männer, sollte den Stadtrundgang am Goldenen Reiter beginnen. Es ist das Denkmal für August II., der die Verkleidung als Cäsar gar nicht nötig hat. Daß man ihn den Starken nannte, ist durchaus wörtlich zu nehmen, es heißt, er konnte mit der bloßen Hand Hufeisen verbiegen. Mit seinen Geliebten zeugte er viele Kinder, die Fama spricht von 206. Seine berühmteste Mätresse war die Gräfin Cosel. August schenkte der schönen Frau das Taschenbergpalais und Pillnitz. Als sich die Gunst des Königs der Gräfin Dönhoff zuwandte, wurde die Cosel kurzerhand auf der Burg Stolpen eingeschlossen.

Vor allem aber war August II. ein hochgebildeter und talentierter Mann, dazu ein entschlossener absoluter Herrscher mit dem erklärten Regierungsprogramm, Dresden zur Perle unter den deutschen Städten zu machen. Zu seiner ausgeprägten Repräsentationssucht, die auch andere Potentaten mit ihm teilten, kamen glücklicherweise ein sicherer Geschmack und – eine fundierte baukünstlerische Ausbildung. Die hatte er seinem Großvater zu verdanken, und das kam so:

Nach dem Dreißigjährigen Krieg gab es bei allen deutschen Fürsten in puncto Repräsentation einen großen Nachholbedarf. Die meisten riefen ausländische Künstler an ihre Höfe. Nicht so der sächsische Kurfürst Johann Georg II. Er spürte einheimische Künstler auf, die im Ausland tätig waren. 1656 berief er den aus Dresden stammenden, in venezianischen Diensten stehenden Ingenieuroffizier Wolf Caspar von Klengel zum Oberlandbaumeister und traf damit eine hervorragende Wahl. Klengel paßte das Residenzschloß durch An- und Umbauten den Ansprüchen einer barocken Hofhaltung an. Dazu gehörte auch ein prächtiges Theater, das sich vor allem der Musikpflege widmete. Kapellmeister wurde Heinrich Schütz. Eine Bauordnung wurde erlassen, die unter anderem das Einhalten der Baufluchten vorschrieb und alles verbot, was »der Stadtzierde zuwider oder dem Nachbarn zum Schaden« war. Als 1685 der Vorort Altendresden niederbrannte, nutzte Klengel die Chance, die Neustadt ganz und gar barock zu bauen. Klengel erhielt auch den Auftrag, künftige Baukünstler auszubilden. Unter seinen Schülern befanden sich der junge, begabte Matthäus Pöppelmann und die kurfürstlichen Prinzen. Er war also Lehrer sowohl der nächsten Architektengeneration als auch ihrer künftigen Bauherren. Und genau das ist das Geheimnis der einzigartigen Qualität des Dresdner Barocks: die künstlerische Übereinstimmung zwischen Auftraggeber und Auftragnehmer, zwischen August II. und Pöppelmann.

1694 wurde der 24 Jahre alte August regierender Kurfürst, zwei Jahre später König von Polen. Preis der neuen Königswürde: Übertritt zum Katholizismus und riesige Bestechungssummen, die August an den polnischen Adel zahlt, also Opportunismus und Korruption. Aber dafür wurde Dresden nun eine Residenz von europäischer Bedeutung.

Pöppelmann erhielt von seinem Herrn den Traumauftrag, aus Dresden eine Weltstadt zu machen. Und das tat er.

In der Stadt und ihrer Umgebung spazierenzugehen heißt, auf Pöppelmanns Spuren zu wandeln.

In den nachfolgenden Beschreibungen der Sehenswürdigkeiten taucht immer wieder sein Name auf und der des kongenialen Bildhauers Balthasar Permoser, beide sind die Väter des Dresdner Barocks. August der Starke nahm – auch mit eigenen

Neu vergoldet: August der Starke

Ideen – unmittelbaren Einfluß auf alle Planungen der Bauvorhaben. Graf Schulenburg schreibt 1730 bewundernd: »Der König von Polen ist vielleicht der einzige Souverän, welcher imstande ist, für sich selbst zu erfinden und auszuführen, was man nur irgendwie unternehmen will.« Heutzutage ist staatlich gelenkter Städtebau umstritten, Dresden hat mit solcher Reglementierung in den letzten 40 Jahren schlechte Erfahrungen gemacht. Unter August dem Starken war sie ein Glücksfall mit Langzeitwirkung. Denn das Baureglement von 1720 war bis zum Jahr 1827 gültig; allein die vorgeschriebene Geschoßhöhe erhielt die Geschlossenheit des barokken Stadtbildes bis in die Gründerzeit.

August III., dem die sachkundige Bauleidenschaft des Vaters fehlte, überließ die städtebaulichen Entscheidungen seinem Minister Graf Brühl und dem Leiter des Oberlandbauamtes Knöffel, dem Nachfolger Pöppelmanns. Knöffel führte den Plan Augusts des Starken zu Ende, die Stadt zu öffnen und sie mit der Landschaft, dem Fluß und den Elbhängen zu verbinden. Hier liegt auch das Geheimnis für die Dominanz der Katholischen Hofkirche (Kathedrale). Der italienische Architekt Chiaveri setzte sie direkt ans Ufer des großen Elbbogens, außerhalb der Stadtbefestigung. Die wurde trotz Protest der Militärs geschliffen, der Wall zur Gartenlandschaft gemacht. Graf Brühl ließ sich die schönste und größte Gartenterrasse anlegen, und Knöffel baute ihm ein riesiges Stadtpalais, das im Siebenjährigen Krieg von den Preußen zerstört wurde.

Gemeinsam war August II. und August III. die Leidenschaft, Kunstwerke zu sammeln. Um sich dafür das nötige Geld zu verschaffen, verkauften sie Land und Leute – man sieht, Regierungskriminalität gab's zu jeder Zeit. Immerhin machten die Sammlungen der beiden Fürsten Dresden weltberühmt. Im Grünen Gewölbe des Schlosses wurde die königliche Schatzkammer, raffiniert in Szene gesetzt, zur Schau gestellt: Spiegeldekorationen vervielfältigten die Kostbarkeiten optisch, ein Raumerlebnis, das erst nach dem Aufbau des Schlosses wieder nachvollziehbar wird.

Dieses Schloß, sosehr es die Dresdner auch vermissen, entsprach indes keineswegs den Vorstellungen Augusts des Starken. Aber ein neues, repräsentativeres Schloß überstieg wohl doch die finanziellen Möglichkeiten. Gewissermaßen als Vorstufe oder als Ausgleich versuchte er sich an mehr oder weniger großen Schlössern und Schlößchen in Dresdens Umgebung, was dieser nun zum Vorteil gereicht. Wer also die ganze barokke Residenz kennenlernen will, muß auch Moritzburg, Pillnitz, Groß-Sedlitz einbeziehen. Diese Schlösser mit ihren Parks und Gärten geben die Stimmung des augusteischen Zeitalters eindrucksvoll wieder, die Größe und die Grenzen seiner Möglichkeiten.

Mit dem Siebenjährigen Krieg ging dieses Zeitalter zu Ende. 1760 belagerten preußische Truppen die sächsische Residenz. Friedrich der Große ließ die Stadt durch Artillerie beschießen. Nach dem Bombardement war jedes dritte Haus zerstört, die Kreuzkirche stand in Flammen. August III. flüchtete, der Preußenkönig gab Dresden zum Plündern frei. Als acht Jahre später der junge Johann Wolfgang Goethe in die Stadt kam, waren noch immer viele Straßen in »einem zerstörten und verödeten Zustand ... die königlichen Schlösser zerstört, die Brühlschen Herrlichkeiten vernichtet«. Nach der preußischen Kanonade war auch die barocke Festlichkeit und Beschwingtheit der Stadt schwer angeschlagen. Die hohen Kontributionen, die Sachsen an Preußen zu zahlen hatte, verhinderten einen schnellen Wiederaufbau. Vielleicht rührt von damals das gespannte Verhältnis zwischen Sachsen und Preußen. Bis heute ist das Thema ein Dauerbrenner in den Kabaretts. Gründe dafür gibt's noch mehr: In den Napoleonischen Kriegen hatte Sachsen auf seiten Bonapartes gestanden, was ihm nach der Völkerschlacht von Leipzig teuer zu stehen kam, denn die Sieger rächten sich auch an den Verbündeten. Hoch zu Roß ritt der preußische König Friedrich Wilhelm III. an der Seite des russischen Zaren in Dresden ein. Sachsen mußte zwei Drittel seines Territoriums an Preußen abtreten. Und noch so ein Fall: Als 1849 die Dresdner Bürger für Freiheit und Recht auf den Barrikaden kämpften, wurde diese Revolution durch preußische Truppen niedergeschlagen. Richard Wagner und Gottfried Semper, die an dem Aufstand beteiligt waren, mußten fliehen.

Daß bei den sächsisch-preußischen Animositäten auch auf die jüngste Vergangenheit verwiesen wird, ist eigentlich nicht ganz logisch. Walter Ulbricht war Sachse, Erich Honecker stammt aus dem Saarland. Aber Preußen steht hier wohl für Berlin, den Sitz der DDR-Regierung und immer bevorzugte Vorzeigestadt. Dresden wurde hintangesetzt, war der Parteiführung auch suspekt wegen seiner betonten Bürgerlichkeit. Die Berliner wiederum begründeten ihre Vorbehalte gegen die Sachsen damit, daß die meisten Funktionäre aus Sachsen kamen, immer zu erkennen an ihrem Dialekt.

Schon Grillparzer hatte sich über den Dresdner Dialekt mokiert: »Die Leute dehnen jede Silbe, verlängern jedes Wort, hängen überall ein Lieblings-E an, so daß ihre Sprache endlich ein förmliches Mäh-Mäh von Schafen wird.« Bei solcherlei Anwürfen wird nachdrücklich auf Luther verwiesen, der sich bei der Bibelübersetzung für das mittelsächsisch-meißnische Deutsch entschied und das als Kompromiß zwischen den vielen Mundarten verstand. Nach »Meißner Kanzlei« – so nannte Luther die erste deutsche Schriftsprache – schrieben fortan alle deutschen Fürstenhöfe, Reichsstädte, Universitäten, Schulen. Schriftsprache – wohlgemerkt! Gesprochen klingt's ganz anders. Da wird aus Puppe »Bubbe«, aus einem Typen »ä Dyb«. Die Konsonanten werden immer weich, die Vokale lässig und singend gesprochen. »Sing, mei Sachse sing, es is' e' eichen Ding. . .« Als Anfang der 80er Jahre ein Dresdner

Kabarettist diesen Schlager kreierte, wurde die Aufforderung todernst genommen und das Liedchen eine Art Protestsong gegen die Berliner. In vorurteilsfreien Ohren klingt das Sächsische verbindlich, gesellig, gemütlich, Eigenschaften, die typisch für die Dresdner sind. Sie lieben die Geselligkeit und pflegen sie.

Die klassisch-romantische Epoche Anfang des 19. Jahrhunderts entsprach also ganz ihrem Naturell. Es gab so bekannte Dresdner Salons wie das Haus der Familie Körner und das der Kügelgens, wo berühmte Dichter und Wissenschaftler ein und aus gingen und einen Lebensstil prägten, der überall noch gegenwärtig ist. In den Weinstuben und Kaffeehäusern wird nicht einfach konsumiert, hier läßt man sich Zeit zum Genießen und Fabulieren. Hier sind Müßiggehen und Muße noch identisch. Die Dresdner legen großen Wert auf eine gemütliche Wohnung mit gediegenem Interieur. Sie muß ein passender Rahmen sein für den Freundeskreis, in dem man sich regelmäßig trifft, lange, ausgiebig und möglichst harmonisch philosophiert. Man bringt Bücher mit, um sie den anderen vorzulesen. Trotz High-Tech wird in Dresden noch zu Hause musiziert; es gehört zur Allgemeinbildung, ein Instrument zu spielen oder in einem Chor zu singen.

Fünfzig Chöre gibt es in der Stadt, berühmte wie den Beethoven-Chor, den Philharmonischen Chor und den Bergsteigerchor; der Kreuzchor wurde vor 800 Jahren gegründet.

Womit wir wieder bei den schönen Künsten sind. In Dresden kommt niemand um sie herum. Zur Musikkunst seien nur die Stichworte Semperoper und Dresdner Philharmoniker genannt – die Jazzer nicht zu vergessen! Für die Tanzkunst steht eine weltberühmte Institution, die Tanzschule Palucca. Die Goldschmiedekunst präsentiert sich eindrucksvoll im Grünen Gewölbe.

Die Baukunst hatte zwar ihren Höhepunkt im Barock, aber auch danach bauten hervorragende Architekten weiter. Um nur zwei Beispiele zu nennen: Gottfried Semper das Opernhaus und die Gemäldegalerie im Zwinger, Gottlob Friedrich Thormeyer die schöne Freitreppe an der Brühlschen Terrasse. Die Malerei ist keineswegs ausschließlich als Sammlungsgegenstand vertreten.

Dresden war das Zentrum der Romantiker um Caspar David Friedrich. Rund 100 Jahre später schlossen sich vier Architekturstudenten, Fritz Bleyl, Erich Heckel, Ernst Ludwig Kirchner und Karl Schmidt-Rottluff, zu der Künstlergruppe »Die Brükke« zusammen und malten ganz anders: unakademisch, expressiv. Ihre Ateliers befanden sich nicht im repräsentativen Dresden, sondern auf Dachböden und in Läden der Friedrichstadt, wo auch die jungen Künstler der siebziger und achtziger Jahre gegen das offizielle Kunstverständnis der DDR anmalten, wie der zu Weltruhm gelangte A. R. Penck. Dresdens Kunstszene zog in die Äußere Neustadt, diese Gegend wurde deshalb bald Elb-Montmarte genannt; dabei war man hier mitunter avantgardistischer als an der Seine.

Was schauen wir an?

Marco Polo zeigt Ihnen alles Schöne, was die Stadt zu bieten hat: Straßen und Plätze, Baudenkmäler, Gärten und Museen

Gleich am Anfang ein Rat: Lassen Sie Ihr Auto auf einem Parkplatz stehen, und gehen Sie zu Fuß durch die Stadt, zumindest da, wo es lohnend ist – in der Altstadt und der inneren Neustadt.

Die wichtigsten Sehenswürdigkeiten sind nicht weit voneinander entfernt, und einen Ausflug in die nähere oder weitere Umgebung kann man auch mit den Nahverkehrsmitteln unternehmen. Straßenbahnen und Busse bringen Sie überall hin. Besonders vergnüglich ist eine Fahrt mit einem Dampfer der Weißen Flotte.

Nach Dresden kommt man nicht, um sich von Straße zu Straße treiben zu lassen, zu bummeln oder einzukaufen. Elbflorenz ist eine Kulturmetropole, eine Stadt der schönen Künste. Sie bietet hervorragende Möglichkeiten, komprimiert und auf sehr angenehme Art Kultur zu tanken. Dazu gehören Bauwerke, Malerei, Theater und Musik.

Man sieht, der Aufwand lohnt: restaurierte Häuser in der Neustädter Hauptstraße

Man muß nicht unbedingt alle 27 Museen besuchen, aber lohnen tut es sich in jedem. Die Sixtinische Madonna zu sehen ist natürlich ebenso ein Muß wie ein Besuch des Zwingers und der Semperoper.

Wer besondere Wünsche hat, sollte sich an die Tourist-Information wenden, sie bietet interessante Sonderfahrten und -führungen an, zum Beispiel für Freunde der Musik, der Romantik, des Meißner Weins.

BAUDENKMÄLER UND MONUMENTE

Altstädter Wache (Schinkel-Wache) **(I 3)**
Sie steht an der Südostecke des Theaterplatzes und erinnert an die Alte Wache in Berlin. Friedrich Schinkel hat beide entworfen, diese 1830. Heute befindet sich hier die Vorverkaufskasse für alle staatlichen Theater. *Theaterplatz, Straßenbahn 1, 2, 4, 8, 12, 14, 51, Bus 74*

Elbschlösser **(L–M 1)**
Zwischen Neustadt und Loschwitz stehen sie oberhalb

MARCO POLO TIPS FÜR BESICHTIGUNGEN

1 **Zwinger**
Steingewordenes Märchen (Seite 21)

2 **Schloß**
Fürstenzug im Langen Gang (Seite 19)

3 **Semperoper**
Weltberühmte Spielstätte (Seite 20)

4 **Brühlsche Terrasse**
Der Balkon Europas (Seite 28)

5 **Hofkirche/Kathedrale**
Dominierend im Stadtbild (Seite 25)

6 **Goldener Reiter**
Denkmal für August den Starken (Seite 17)

7 **Frauenkirche**
Mahnmal für die Bombennacht 1945 (Seite 25)

8 **Kügelgenhaus**
In Dresdens schönster Straße (Seite 33)

9 **Weißer Hirsch**
Dresdens Villenviertel (Seite 35)

10 **Äußere Neustadt**
Szenekneipen und bunte Vögel (Seite 34)

des Elbbogens im dichten Grün ihrer Gärten: *Schloß Albrechtsberg*, das *Lingner-Schloß* und *Schloß Eckberg*. Mitte des 19. Jhs. erbaut, waren sie damals noch von Weinbergen umgeben. Durch einen schlimmen Reblausbefall wurden jedoch alle Rebstöcke vernichtet.

Schloß Albrechtsberg, so benannt nach dem Prinzen Albrecht von Preußen, der den Besitz 1850 erwarb, erinnert mit den kampanileartigen Seitentürmen an eine prächtige römische Villa. Zu der kostbaren Innenausstattung gehört auch ein türkisches Bad. Jetzt befindet sich im Schloß eine Jugendkunstschule. Der Elbhang, terrassenförmig auf 54 Meter ansteigend, wurde in die Architektur einbezogen. Für den Weinbergwächter war das Belvedere bestimmt, ein Rundtempel.

Das *Lingner-Schloß* mit der Säulenhalle entstand zur gleichen Zeit für Baron von Stockhausen, den Kammerherrn Prinz Albrechts. Später kaufte Karl August Lingner, der Begründer des Hygienemuseums, die Villa Stockhausen. Da sich bislang kein Investor fand, scheint das Schloß dem Verfall preisgegeben. Einen herrlichen Blick auf Dresden bietet die Terrasse.

Das auf einem Hangsporn gelegene *Schloß Eckberg* ließ sich der Dresdner Großkaufmann Souchay zwischen 1859 und 1861 bauen. Es ist mit seiner eigenwilligen Gliederung, Tudorstil und vielen malerischen Details ein typisches Bauwerk der Dresdner Spätromantik (heute Hotel). *Zugänglich sind die Schlösser von der Bautzner Straße 130–134.* Einen Bummel in dem schönen, weitläufigen Park sollte man sich nicht entgehen lassen. *Öffentlich ist nur Schloß Albrechtsberg, Tel. 56655, Mo–Sa 13–18 Uhr, So 10–15 Uhr, Führungen stündlich, Straßenbahn 11, 51*

Gewandhaus **(I 4)**
Nördlich des neuen Rathauses, nicht weit vom Altmarkt, steht es etwas deplaziert inmitten eines Neubaugebietes. Der barock-klassizistische Bau ist heute ein Hotel. Der *Brunnen* an seiner Rückfront ist nach den Brüdern Dinglinger benannt, den berühmten Goldschmieden, die für August II. jene einzigartigen Geschmeide schufen, die im *Grünen Gewölbe* zu bewundern sind. Der Brunnen stand ursprünglich im Hof des Dinglingerschen Wohnhauses und wurde 1945 aus den Trümmern geborgen. *Gewandhausstraße, Straßenbahn 1–3, 4, 5, 7, 8, 12, 14, Bus 75*

Goldener Reiter **(I 2)**
★ Er steht auf dem Neustädter Markt, am Brückenkopf der Augustusbrücke, reitet stadtauswärts auf kurbettierendem Pferd, angetan mit römischem Schuppenpanzer, im Habitus eines Cäsaren, strahlend vor Gold: das Abbild Augusts des Starken. Sein Sohn und Nachfolger gab das Denkmal 1734 in Auftrag. J. Vinache entwarf es, der Kanonenschmied Wiedemann trieb es in Kupfer. Den Feuersturm vom 13. Februar 1945 überstanden Roß und Reiter unter einem Ziegelschutz. 1956, zur 750-Jahr-Feier Dresdens, wurden sie wieder auf den Sockel gestellt und erhielten eine frische Vergoldung. Am Denkmal zwei historische Eckbrunnen von 1742, einer davon vom zerstörten Neustädter Rathaus, der andere vom gegenüberliegenden Eckhaus. *Straßenbahn 4, 5*

Jägerhof **(I 2)**
Er ist eines der ältesten erhaltenen Gebäude Dresdens. Iccander nannte es im 17. Jh. eines der sieben Wunder Dresdens. 1568, als der Kurfürst die Jagd nach Altendresden (heute Neustadt) verlegte, wurde mit dem Bau des Schlosses begonnen, 1617 war es vollendet, diente aber im wesentlichen zur Aufbewahrung von Jagdgerät und gefangenen Tieren. Im 19. Jh. wurde es als Kaserne genutzt, danach wurden ganze Gebäudeteile abgerissen. Daß der schönste Teil, der Westflügel mit Renaissancegiebel, stehenblieb, ist dem Volkskundler Prof. Seyffert zu danken. Er zog 1913 mit seinen Sammlungen hier ein und eröffnete das erste deutsche Volkskunstmuseum. *Köpckestr. 1, Straßenbahn 3, 5, 7, 8*

Japanisches Palais **(I 2)**
Das Wort von den vielen Köchen, die den Brei verderben,

Die Marco Polo Bitte

Marco Polo war der erste Weltreisende. Er reiste in friedlicher Absicht, verband Ost und West. Er wollte die Welt entdecken, fremde Kulturen kennenlernen, nicht zerstören. Könnte er für uns Reisende des 20. Jahrhunderts nicht Vorbild sein? Aufgeschlossen und friedlich sollte unsere Haltung auf Reisen sein. Dazu gehören auch Respekt vor Mensch und Tier und die Bewahrung der Umwelt.

WWF

trifft auf Architekten offenbar nicht immer zu. Denn hier hatten fünf ihre Hände im Spiel: de Bodt, Longuelune, Knöffel, Semper, am nachhaltigsten Pöppelmann, der 1727 bis 37 das ursprünglich Holländische Palais umbaute, erweiterte und mit Chinoiserien in ein Japanisches Palais verwandelte. Es sollte die Porzellansammlung Augusts des Starken aufnehmen und zugleich das Leistungsvermögen der Königlichen Manufaktur im würdigen Rahmen demonstrieren. Durch den Tod des Königs wurde die Absicht nicht zu Ende geführt, erkennbar ist sie an den fernöstlich geschweiften Dächern und dem Giebelrelief am Mittelbau: Chinesen huldigen Saxonia.

Heute befindet sich hier das Museum für Völkerkunde. Ein Denkmal für König Friedrich August I. steht vor dem Palais. *Palaisplatz, Straßenbahn 4, 5*

Kulturpalast **(I 3)**
Ein Imponierbau aus den sechziger Jahren, dessen Kosten ausgereicht hätten, den größten Teil des zerstörten Schlosses instand zu setzen. 103 Meter lang, 74 Meter breit, bietet er viel Raum für Kongresse, Bälle, Festveranstaltungen. Der Festsaal für 2800 Personen ist Spielstätte der Dresdner Philharmoniker. Auch die Freunde des Dixielands treffen sich hier alljährlich. Die Clubräume und die beiden Restaurants sind immer gut besucht. *Altmarkt, Straßenbahn 1–5, 7, 8, 12, 14, 51, Bus 75*

Kurländer Palais **(I–K 3)**
Eine jener Dresdner Kulturruinen, die hoffentlich bald wieder aufgebaut werden. Der Dresdner Rokokoarchitekt Knöffel schuf das entzückende Palais 1729. Im Keller hat der Jazz-Club *Die Tonne* sein Domizil. *Tzschirnerplatz, Straßenbahn 1–3, 5, 51, Bus 75*

Landhaus **(I 4)**
Sein Name leitet sich von den Landständen ab, deren erstes Verwaltungsgebäude es war. Heute ist es das einzige historische Haus in der Wilsdruffer Straße, 1770–76 im Stil des Frühklassizismus gebaut. Die doppelläufige Treppe im Inneren ist allerdings Rokoko. Hier stellt das Museum Stadtgeschichte aus. *Wilsdruffer Straße 2, Mo–Do, Sa 10–18 Uhr, So 10–16 Uhr, Straßenbahn 1–5, 7, 8, 12, 14, 51, Bus 75*

Landtagsgebäude **(I 3)**
Gegenüber der Hofkirche, an der Augustusbrücke, steht das trotz Turm eher zurückhaltend wirkende Gebäude, 1901–03 von Paul Wallot, dem Architekten des Berliner Reichstages, im Stil der Neorenaissance gebaut, um es der Umgebung anzupassen. Im Mittelrisalit ist das sächsische Wappen installiert. *Schloßplatz 1, Straßenbahn 1, 2, 4, 8, 12, 14, 51, Bus 74*

Moritzmonument **(I 3)**
Es steht an der nordöstlichen Ekke der Brühlschen Terrasse. Man kann es leicht übersehen, was insofern schade wäre, als es das älteste Denkmal Dresdens ist und an einen Fürsten erinnert, der im Krieg fiel, was in der Geschichte selten genug vorkam. Dieser Fürst hieß Moritz und wurde 1553 in der Schlacht von Sievers-

hausen getötet. Sein Bruder August ließ für ihn das Monument errichten, denn Moritz hatte für ihn Land und Kurwürden im Schmalkaldischen Krieg errungen. *Straßenbahn 1, 2, 4, 8, 12, 14, 51, Bus 74*

Neustädter Wache (Blockhaus) (I 2)
Sie ist das Pendant zur Altstädter Wache, die aber später gebaut wurde. Die Neustädter Wache (1732–55) war ursprünglich ein Blockhaus für die Brückenwache, nach ihrem Erbauer, dem französischen Architekten Longuelune, benannt. Sehr barock, ist sie ein würdiger Hintergrund für den Goldenen Reiter. Bis zu ihrer Zerstörung 1945 diente sie dem Militär für alle möglichen Zwecke, 1980 rekonstruiert, gibt sie sich jetzt zivil mit dem Restaurant *Blockhaus. Neustädter Markt, Straßenbahn 4, 5*

Rathaus (I 4)
Es wurde 1904–10 erbaut, hat fünf Stockwerke und den *Ratskeller*, eine empfehlenswerte historische Gaststätte. Der Turm ist mit 100 Metern der zweithöchste Dresdens, und so ist auch der *Goldene Mann* auf der Spitze nicht zu übersehen. Die Aussichtsplattform in 86 Metern Höhe ist leider aus Sicherheitsgründen vorübergehend geschlossen. *Dr.-Külz-Ring, Straßenbahn 1–5, 7, 8, 13, 14, 51, Bus 75*

Rietschel-Denkmal (I 3)
Wer die Denkmäler für Luther, Goethe und Schiller bewundert hat, sollte auch das ihres Schöpfers zur Kenntnis nehmen. Der Bildhauer Ernst Rietschel (1804–61) schuf viele Dresdner Skulpturen, er war Lehrer an der Kunstakademie. Sein Atelier befand sich auf der Brühlschen Terrasse, genau an der Stelle, wo heute das Monument für ihn steht. Sein Schüler Johannes Schilling schuf es 1872. *Straßenbahn 1, 2, 4, 8, 12, 14, 51*

Schloß (I 3)
★ Zäune und Gerüste um das Residenzschloß lassen keinen Zweifel: Der Wiederaufbau ist in vollem Gange. Kundige Steinmetzen restaurieren die künstlerischen Details der Erker, Giebel und der typischen, »Schnecken« genannten Treppentürme. Auch die Prunkräume im Schloßinneren, deren Originalausstattung glücklicherweise gerettet wurde, entstehen neu. Im Jahre 2006, zur 800-Jahr-Feier Dresdens, sollen die Arbeiten abgeschlossen sein. Bereits fertiggestellt ist der 101 Meter hohe *Hausmannsturm,* der den Rathausturm um einen Meter überragt. Von der Aussichtsplattform in 38 Meter Höhe hat man einen schönen Blick auf den Theaterplatz. *(April–Okt. Di–So 10–18 Uhr).*

Das Schloß der sächsischen Herrscher stammt in seinen wesentlichen Teilen aus dem 16. Jh. Doch nicht alles, was nach Renaissance aussieht, ist in jener Zeit gebaut worden, es wurde beim letzten Umbau 1902 stilgerecht nachempfunden. Original aus der Renaissance sind die Rundbogen-Arkaden im *Langen Gang*, der den Georgenbau mit dem Johanneum verbindet. Der *Stallhof* ist der älteste Turnierplatz Europas. Auf seiner Rampe ritt man hoch zu Roß in den ersten Stock des damaligen Stallgebäudes, eine Art Garagenhaus des 16. Jhs. Das *Georgentor* wurde 1969 erneuert, im *Johanneum* befindet sich das Verkehrsmuseum. Neben seiner Schauseite, im verwitterten Grau leicht zu übersehen, ein Kleinod der Renaissance: die Schöne Pforte.

Vor dem Johanneum steht der *Türkenbrunnen*, entstanden nach dem Sieg Johann Georgs III. 1683 über die Türken.

An der Außenfassade des Stallhofes, zur Augustusstraße hin: der *Fürstenzug*, 102 Meter lang, 1870–76 von Wilhelm Walter in Graffitotechnik gemalt und 1906 auf 25 000 Meißner Porzellanfliesen übertragen. Dargestellt sind die Herrscher des Hauses Wettin, das 1485 Dresden zu seiner Residenz machte. Ihre Namen und Beinamen sind am Bildrand abzulesen, nur der letzte sächsische König fehlt. Er mußte 1918 abdanken. Hinter den Fürsten ein paar ausgewählte Persönlichkeiten aus Kunst und Wissenschaft. Im Georgenbau befindet sich die Ausstellung zur Geschichte des Schlosses. *Schloßplatz, Tel. 484 06 22, Di–So 10 bis 18 Uhr, Straßenbahn 1, 2, 4, 8, 12, 14, 51, Bus 74*

Das *Taschenberg-Palais*, für die Gräfin Cosel, die Mätresse Augusts des Starken, erbaut zwischen 1707 und 1745 von Pöppelmann, war Dresdens erstes Barockpalais. Im Kriege schwer zerstört, ist es nun zumindest in seiner äußeren Hülle neu erstanden. Authentisch am Neubau, der jetzt das Grand Hotel Kempinski beherbergt, ist der Mittelrisalit mit zum Teil originalem Stuck, bei dem man auf den gelben Anstrich des übrigen Gebäudes verzichtet hat. Neben dem Palais steht der Cholerabrunnen, 1843 von Semper geschaffen.

Semperoper **(H 3)**

★Viele Touristen kommen nur ihretwegen nach Dresden. Der zweigeschossige, bogenförmige Arkadenbau mit der bronzenen

Bereits restauriert: der Langer Gang am Stallhofgebäude

Richard Wagner in Dresden

Zwar in Leipzig geboren (22. 5. 1813), verstand sich Wagner jedoch immer als Dresdner. Hier war er aufgewachsen, hatte die berühmte Kreuzschule besucht, wurde 1843 Hofkapellmeister auf Lebenszeit und machte die Dresdner Staatskapelle zur »Wunderharfe«. Die Uraufführungen seiner Opern *Rienzi* (1842), *Der Fliegende Holländer* (1843) und *Tannhäuser* (1845) fanden mit großem Erfolg in der Semperoper statt.
In seinen bahnbrechenden kunsttheoretischen Schriften forderte er die Gründung von staatlichen Orchester- und Theaterschulen und ein Nationaltheater.
1849 kämpfte er mit den Dresdner Aufständischen auf den Barrikaden für eine demokratische Verfassung. Nach Niederschlagung der Revolution mußte er fliehen. Erst zehn Jahre später durfte wieder ein Wagnerwerk in Dresden aufgeführt werden: *Lohengrin*.

Pantherquadriga über dem Portal steht am Theaterplatz, an gleicher Stelle wie schon die beiden Opernhäuser vor ihr. Das erste, 1841 von Gottfried Semper als Hoftheater gebaut, brannte 1869 ab, das zweite, vom selben Baumeister im Stil der italienischen Hochrenaissance entworfen und 1878 eingeweiht, wurde am 13. Februar 1945 total zerstört. Auf den Tag genau vierzig Jahre später öffnete die dritte Semperoper ihre Pforten. Aufgeführt wurde die Oper, die zuletzt auf dem Spielplan gestanden hatte: Der Freischütz von Carl-Maria von Weber. Durch weitgehenden Nachbau des Originals, auch bei der überaus prächtigen Innenausstattung, verkörperte der Neuaufbau ein Stück auferstandenes Dresden.

Bemerkenswert sind der bildhauerische Schmuck auf dem Dach des Bühnenhauses und die Skulpturen Goethes und Schillers neben dem Eingang und die von Shakespeare, Sophokles, Molière und Euripides in den Seitennischen der Fassade. Das Bauwerk zählt weltweit zu den Spitzenleistungen europäischer Architektur. Semper verwirklichte seine Idee, Form und Zweck miteinander zu vereinen, überzeugend. So gehört neben der festlich-kostbaren Ausstattung des Foyers und des Zuschauerraumes mit seinen vier Rängen eine hervorragende Akustik zu den Besonderheiten dieses Hauses, in dem die Musik besser klingt als in der Mailänder Scala.

Den Spielplan erfährt man sechs Wochen im voraus beim Besucherdienst der Semperoper. *Theaterplatz, Führungen je nach Proben- und Vorstellungsprogramm, Termine und Anmeldung beim Besucherdienst Schinkelwache, Tel. 484 23 33, 484 24 96, Straßenbahn 1, 2, 4, 8, 12, 14, 51*

Zwinger **(H 3)**

★ »Ich trat in dieses Heiligtum und meine Verwunderung überstieg jeden Begriff, den ich mir gemacht hatte.« So beschrieb Goethe seinen Eindruck vom

Wahrzeichen Dresdens:
Das Kronentor des Zwingers

Dresdner Zwinger, einem einzigartigen Meisterwerk höfischen Barocks. Eindrucksvoll ist schon der Eingang: das *Kronentor*, gerade renoviert. Auf der zwiebelförmigen Kuppel tragen vier goldene polnische Adler das Wappen der Königswürde. Nun betritt man einen weiträumigen Platz, von prachtvollen Bauten umstellt, die wie die Wände eines riesigen Festsaales wirken.

Der unpoetische Name geht auf die frühere Festungs- und »Zwing«-Anlage zurück, die hier stand. August der Starke wählte das Gelände für den Bau einer *Orangerie* aus, wie sie sich zu dieser Zeit alle Fürsten zulegten. Seine aber sollte die größte und schönste sein. Mit dem Bau wurde Matthäus Daniel Pöppelmann beauftragt. 1710 entstanden die *Galerien* und *Pavillons* an der Wallseite. Als 1718 der Thronfolger heiratete, befahl August, die Feier auf dem Festplatz des Prestigebaues auszurichten. Aber die Frist war zu kurz, um alle geplanten Gebäude fertigzustellen. So wurden vor die noch offenen Baustellen Kulissen mit aufgemalten Fassaden gesetzt. Drei Jahre später, 1732, war das *Palais Royal des Sciences* vollendet.

Bemerkenswert ist schon der Grundriß der Anlage: Einem quadratischen Hof sind zwei spiegelsymmetrisch sich wiederholende und bogenförmig schließende Erweiterungen angefügt. Die Vielfalt der architektonischen Formensprache zeigt sich in der 36achsigen *Langgalerie*, in der *Bogengalerie* und vor allem im *Wallpavillon*, dem baukünstlerischen Höhepunkt des Ensembles. Die Figur auf dem Giebel stellt August den Starken als Herkules Saxonicus dar, der statt Atlas die Weltkugel trägt.

Den überaus reichen Skulpturenschmuck schuf Balthasar Permoser, kongenialer Partner Pöppelmanns. Aus seiner Werkstatt stammen all die Putten und Satyrn, die Götter und Göttinnen, die *Vier Winde*, die den Ruhm des Königs in alle Welt tragen sollen. Und auch die anmutigen Frauengestalten im Nymphenbad, eine Idee, die Pöppelmann von seiner Dienstreise nach Italien mitbrachte. Über eine Treppe – die schönste aller schönen Zwingertreppen – kommt man zur *Balustrade*, von der man einen herrlichen Blick über die ganze Anlage hat. Im *Glockenspielpavillon*, dem Pendant zum Wallpavillon, spielen 40 Glokken aus Meißner Porzellan.

In einer einzigen Bombennacht total zerstört, wurde der Zwinger bis 1964 wieder aufgebaut, aber die Renovierung nimmt kein Ende. Der saure Regen frißt immer wieder an den Sandsteinfiguren.

In den Pavillons und Galerien bewahrt Dresden viele seiner Kunstschätze auf. Eine einzigartige *Porzellansammlung* ist zu besichtigen und der *Mathematisch-Physikalische Salon*. In die bis dahin offene Seite des Zwingers wurde Mitte des 19. Jhs. von Gottfried Semper die *Galerie Alte Meister* gebaut. Die von Grund auf restaurierte Sempergalerie wurde 1992 wieder eröffnet, und die Gemälde kehrten in ihr altes Domizil zurück.

Tip: Wer im Sommer kommt, sollte unbedingt einen Serenadenabend im Zwinger erleben. Programm und Karten gibt es bei der Tourist-Information. *Theaterplatz, Straßenbahn 1, 2, 4, 8, 12, 14, 51, Bus 74*

BRÜCKEN

Acht Brücken hat Dresden, fünf davon überspannen den großen Elbbogen und verbinden die Zentren von Alt- und Neustadt miteinander. Zugleich sind sie interessante Baudenkmäler und reizvolle Standorte für einen Blick auf das elbflorentinische Panorama. Wo die Abstände zwischen den Brücken sehr groß sind, verkehren auch Fähren über den Fluß, zum Beispiel vom Ballhaus Watzke zum Schlachthof.

Augustusbrücke (I 2–3)

Sie führt vom Goldenen Reiter am Neustädter Markt zu Schloß und Hofkirche in der Altstadt. Eine ihrer beiden Vorgängerinnen wurde 1275 zum ersten Mal erwähnt. Die von Pöppelmann 1727–32 gebaute Brücke mußte 1907 dem wachsenden Verkehr weichen. Bis 1910 entstand schließlich die 17 m breite, 331 m lange Sandsteinbrücke. 1945 von einem SS-Kommando gesprengt, erhielt sie nach dem Wiederaufbau den Namen Georgi Dimitroffs, eines kommunistischen Widerstandskämpfers. 1990 wurde sie in Augustusbrücke zurückbenannt. Am Landpfeiler auf der Altstadtseite wird der amtliche Elbpegel gemessen. *Straßenbahn 4, 5*

Blaues Wunder (O)

Blau wird die Brücke zwischen Loschwitz und Blasewitz genannt, weil sie blau gestrichen ist, Wunder, weil die 141 m lange Stahlgitterkonstruktion, die auf zwei Landpfeilern ruht, seinerzeit als ingenieurtechnisches Wunderwerk galt. Daß sie von den acht Dresdner Brücken als einzige unzerstört blieb, hat sie indes keinem Wunder, sondern zwei beherzten Dresdner Bür-

Blaues Wunder

gern zu verdanken, die die von der SS bereits vorbereitete Sprengung verhinderten. Einen schönen Blick auf die Brükke hat man von der Terrasse des *Café Schmidt* an der Elbpromenade oder – von oben – von der Gaststätte *Luisenhof* aus, Bergbahnstraße 8, die mit der Seilbahn zu erreichen ist. *Straßenbahn 1, 6, Bus 84, 93*

Carolabrücke **(K 2–3)**
Sie ist elbaufwärts die Nachbarin der Augustusbrücke. 1885 wurde sie erbaut, 1945 gesprengt und später als Spannbetonbrükke wieder aufgebaut. Sie ist 375 Meter lang und 32 Meter breit und führt aus der Altstadt auf die Hauptstraße der Neustadt. *Straßenbahn 5, 7, 8*

FRIEDHÖFE

Heidefriedhof **(O)**
Er liegt in landschaftlich schöner Gegend, am *Wilden Mann*. Hier wurden die 30 000 Toten des schrecklichen Bombardements vom 13. Februar 1945 aus Dresden begraben. Ein Mahnmal erinnert an die Opfer. *Moritzburger Landstraße 299, tgl. 8–18 Uhr, im Winter bis 16 Uhr, Bus 80*

Katholischer Friedhof **(G 2)**
Hier sind die Grabstätten und Grabmäler von Persönlichkeiten, deren Namen dem Dresden-Besucher überall in der Stadt begegnen und immer mit großen kulturellen Leistungen verbunden sind, beispielsweise Permoser, Coudray, von Kügelgen, Schlegel, Chevalier de Saxe, Carl Maria von Weber. Der Friedhof wurde 1720 angelegt und befindet sich in der Friedrichstadt, gegenüber dem Palais Marcolini (Krankenhaus). *Friedrichstraße, tgl. 8–18 Uhr, im Winter bis 16 Uhr, Straßenbahn 9*

Trinitatisfriedhof **(M 2–3)**
Viele Grabstätten entstanden nach Entwürfen des Malers Caspar David Friedrich und von der Hand des Bildhauers Ernst Rietschel. Beide Künstler wurden hier auch begraben. Der Obelisk am Haupteingang des Friedhofs ehrt die 75 toten Revolutionäre des Dresdner Maiaufstandes von 1849. *Fiedlerstraße, tgl. 8–18 Uhr, im Winter bis 16 Uhr, Straßenbahn 1, 6, 26, Bus 75*

KIRCHEN

Annenkirche **(H 4)**
Ihr Name ist auf die Kurfürstin Anna zurückzuführen, die während des ersten Kirchenbaus 1578 in Dresden regierte. Nach Zerstörung durch preußische Truppen im Siebenjährigen Krieg entstand ein neuer Bau nach den Plänen Georg Schmidts, eines Schülers jenes George Bähr, der die Frauenkirche baute, und gewisse Ähnlichkeiten sind nicht zu übersehen. Die Fassadengestaltung ist spätes Barock, der Turm reinster Klassizismus, weil erst nachträglich, nämlich 1822–24, gebaut. *Annenstraße, Besichtigung nur nach Anmeldung Tel. 495 15 54, Straßenbahn 7, 8, 10, 14*

Christuskirche **(O)**
Wer Jugendstil-Architektur liebt, sollte den Weg nicht scheuen. Im Stadtteil Strehlen, südlich des Großen Gartens, steht dieses formenreinste Jugendstilwerk Dresdens, 1903–05 gebaut. *Elsa-*

Brandström-Straße 1, Besichtigung nach Anmeldung, Tel. 471 03 33, Straßenbahn 9, 13

Dreikönigskirche **(I 2)**
Mit ihren hellen Sandsteinmauern und dem hoch aufragenden Mansardendach ist sie ein Wahrzeichen der Neustadt, gerade wieder neu aufgebaut; im Februar 1945 brannte sie völlig aus. Bevor Pöppelmann 1732 mit ihrem Bau beginnen konnte, mußte eine andere Kirche weichen, die erst seit vierzig Jahren fast an gleicher Stelle stand, allerdings mitten auf einer neu anzulegenden Straße. August der Starke ließ sie deshalb abreißen. *Hauptstraße 23, geöffnet nur während der Gottesdienste, Straßenbahn 4, 5, 11, 51*

Lutherdenkmal vor der Frauenkirche

Frauenkirche **(I 3)**
★ Ihre Ruinenfragmente stehen noch auf dem Neumarkt. 1726 bis 43 war sie nach Plänen Georg Bährs erbaut worden. Das monumentale hochbarocke Bauwerk, dessen Grundriß in Form einer Schildkröte angelegt wurde, galt als Deutschlands bedeutendster protestantischer Kirchenbau. Die riesige Kuppel mit 23,5 Meter Durchmesser wurde nicht, wie damals üblich, aus Holz, sondern aus Steinen geformt, denn sie sollte für immer und ewig das Wahrzeichen Dresdens bleiben. Sie widerstand dem Bombardement im Siebenjährigen Krieg, aber nicht dem des 13. Februar 1945. Mit ihr verbrannten der barocke Altar, die venezianische Kuppelmalerei, die Orgel von Silbermann. Wahrzeichen Dresdens blieb sie trotzdem, Mahnmal für Untergang und Lebenswillen. Inzwischen hat der Wiederaufbau begonnen, wobei zunächst aus dem Trümmerberg ca. 10 000 originale Fassadenteile geborgen wurden, die man später mit Computerhilfe wie ein Puzzle zusammensetzen will. Größter Fund war ein 95 Tonnen schweres Stück der steinernen Turmhaube. Im Pavillon neben der Ruine sind ein Modell der Kirche und Fotos zu Baugeschichte und Zerstörung zu sehen. *Neumarkt, tgl. 10–17 Uhr, Straßenbahn 1–5, 7, 8, 12, 14, 51, Bus 75*

Hofkirche/Kathedrale **(I 3)**
★ Sie schmückt das Stadtpanorama ungemein. Das hat sie ihrem idealen Standort zu verdanken: Am südlichen Brückenkopf der Augustusbrücke, gleich neben dem Schloß, steht sie in allerfeinster Elblage, am Abend goldgelb angestrahlt. August III. hatte sie 1738 bei dem römischen Architekten Chiaveri in Auftrag gegeben. Sebastian Wetzel vollendete den Bau 1755. Auf das betont

protestantische Dresden wirkte die katholische Kathedrale wie eine Provokation. Doch der zum Katholizismus konvertierte Kurfürst war sie der Kurie schuldig, denn ohne deren Segen wäre er nie polnischer König geworden. Um jedoch den Zorn der Dresdner Bürger nicht auf die Spitze zu treiben, wurden die Prozessionen ins Innere der Kirche verlegt, was die ungewöhnlich breiten Seitenschiffe erklärt. Den Fassadenschmuck mit den über drei Meter großen Heiligenfiguren schuf Lorenzo Matielli. Sehenswert ist die in spielerischen Rokokoformen schwelgende weiße Kanzel von Balthasar Permoser, hörenswert die Silbermannorgel: Jeden Sonnabend um 16 Uhr ist Orgelvesper. In den Grufträumen mit 49 Sarkophagen sächsischer Fürsten steht auf einer Konsole ein Gefäß mit dem Herzen Augusts des Starken, sein Leib wurde in Krakau beigesetzt. 1945 brannte die Kirche aus, der 85,5 m hohe Turm blieb jedoch stehen. Inzwischen wurde die ganze Kirche restauriert und 1980 durch vatikanisches Dekret zur *Kathedrale Sanctissimae Trinitatis* des Bistums Dresden-Meißen erhoben. Die *Nepomuk-Kapelle* ist eine »Gedenkstätte für die Opfer des 13. Februar 1945 und aller ungerechten Gewalt«. *Theaterplatz, Mo–Do 9–17 Uhr, Fr 13–17 Uhr, So 12–16 Uhr, Sa Mai–Okt. 10.30–16 Uhr, Nov.–April 10.30 bis 17 Uhr, Straßenbahn 1, 2, 4, 8, 12, 14, 51, Bus 74*

Kreuzkirche **(I 4)**

Sie steht am Altmarkt und gilt als Dresdens älteste Kirche. Mehrfach schon wurde sie zerstört: zweimal durch Brände, 1760 durch eine preußische Kanonenkugel, 1945 durch eine englische Bombe. Wie sie früher aussah, kann man auf Canalettos Ansicht sehen, gotisch, mit wuchtigem Turm, erst 1764 erhielt er barocke Eleganz und wurde dem der Hofkirche angepaßt. Die Fassade des zweigeschossigen Sandsteinbaus ist klassizistisch. Mindestens so bekannt wie die Kirche und sogar noch älter ist der Kreuzchor. Wenn die jungen Sänger nicht gerade auf Tournee sind, kann man sie hier jeden Sonnabend um 16 Uhr zur Vesper hören.

Ein aus Nägeln der Kathedrale von Coventry geformtes Kreuz erinnert an die Bombardierung der englischen Stadt durch die deutsche Luftwaffe. *Kreuzstraße, Mo–Sa 10–18 Uhr, Straßenbahn 1–5, 7, 8, 12, 14, 51, Bus 75*

Loschwitzer Kirche **(O)**

Die »kleine Schwester« der Frauenkirche wurde 1705–1708 nach Plänen von George Bähr erbaut. Der Barockbau, am 13. Februar 1945 zerstört, wurde weitgehend original wieder aufgebaut. *Pillnitzer Landstraße, Straßenbahn 1, 6, Bus 85*

Matthäuskirche **(O)**

Erbaut 1728–30 von Matthäus Daniel Pöppelmann, dem Schöpfer des Zwingers, der hier 1736 in der Gruft der Kirche seine letzte Ruhe fand. *Friedrichstraße, geöffnet nur während der Gottesdienste, Straßenbahn 9*

Russisch-Orthodoxe Kirche **(H–I 6)**

Sie wurde 1874 für die russische Gesandtschaft in Sachsen gebaut. Auf den fünf Kuppeln die typischen Zwiebeltürmchen, im Innern 200 Jahre alte Ikonen. *Fritz-Löffler-Straße 19, keine festen Öffnungszeiten, Straßenbahn 3, 5*

Schifferkirche »Maria am Wasser« **(O)**
Sie steht direkt am Elbufer im Stadtteil Hosterwitz, wo früher einmal die Schiffer wohnten. Die ursprünglich spätromanische Kirche wurde 1774 barock umgebaut, wie schon an ihren Türmen zu erkennen ist. *Hosterwitz, geöffnet nur während der Gottesdienste, Bus 85*

PARKS UND GÄRTEN

Daß Dresden 21 Parkanlagen hat, verdankt es wiederum August dem Starken. Er wies die Architekten – zum Entsetzen der Militärs – an, die Stadt zu öffnen, mit den Elbwiesen und Elbhöhen zu verbinden und anstelle des Festungswalles einen Gürtel von Gärten um die Stadt herum anzulegen.

Bürgerwiese **(K 5)**
Zwischen Rathaus und Großem Garten gestaltete Peter Joseph Lenné eine reizvolle Grünanlage, reich bestückt mit Plastiken wie *Venus und Amor, Stürmische Wogen*. Die prächtigen Villen, die einst die Bürgerwiese umstanden, wurden in der Bombennacht 1945 zerstört. Neben dem Park liegen das *Stadion* des international bekannten Fußballclubs Dynamo Dresden und ein großes *Freibad*. *Straßenbahn 3, 5, 7, 8, 11*

Dresdner Heide **(O)**
Nordöstlich der Innenstadt liegt das 50 Quadratkilometer große, geschlossene Waldstück. Es ist von vielen kleinen Wasserläufen durchzogen und ein beliebtes Ziel der Dresdner für einen Spaziergang. An den Zugängen gibt es Orientierungstafeln. *Straßenbahn 11, 51*

Großer Garten **(L–M 5–6)**
Im Unterschied zur wildgewachsenen Dresdner Heide ist der Große Garten ein Stück kunstvoll gestaltete Natur. Er wurde ab 1676 im französischen Stil angelegt, der seit Versailles in Mode war, mit Alleen, Pavillons, Kavaliershäuschen und Skulpturengruppen – Kursachsens erste Barockschöpfung dieser Art.

Das 1945 ausgebrannte Gartenpalais soll wieder aufgebaut werden. Die Marmorgruppe davor schuf Pietro Balestra, sie heißt *Die Zeit entführt die Schönheit*. In dem im 19. Jh. von Friedrich Boché zu einem Englischen Garten erweiterten Park gibt es ein Freilichttheater, einen Gondelsee und die 5,6 Kilometer lange Strecke der Parkeisenbahn. *(Mai–Sept. tgl. 10–18 Uhr, Okt. bis April tgl. 13.30–17 Uhr)*. In den Gewächshäusern des Botanischen Gartens blüht im Juni die Königin der Nacht, deren Blüten sich nur für eine einzige Nacht öffnen. Auch ein Urwald im Taschenformat wurde angelegt *(Stübelallee 2, März bis Okt. Gewächshäuser tgl. 10–18 Uhr, Freiland ab 8 Uhr, Nov.–Feb. tgl. 10–16 Uhr)*. Im südlichen Teil liegt der Dresdner Zoo, der durch seine Orang-Utan-Zucht berühmt geworden ist. *Im Sommerhalbjahr tgl. 8.30–18.30 Uhr, im Winterhalbjahr tgl. 8.30–16.30 Uhr. Straßenbahn 2, 4, 9, 10, 12, 14, Bus 75*

Park am Japanischen Palais **(H–I 2)**
Er hat einen französischen und einen englischen Teil. Den französischen, zur Elbe hin gelegen, schuf Pöppelmann. Auf Wunsch Augusts des Starken, der die Elbe zu einem Canal Grande gestalten wollte, entstand ein Gondelhafen, vom Palais führt eine Freitreppe zu ihm. Der Garten ist mit der Parkanlage des benachbarten Hotels *Bellevue* verbunden. Das Denkmal des Sachsenkönigs Friedrich August I. (1763–1824) schuf Ernst Rietschel. *Neustadt, Straßenbahn 4, 5*

Tharandter Wald **(O)**
Was die Dresdner Heide im Nordosten, ist der Tharandter Wald im Südwesten der Stadt. Nur wenige Kilometer vom Zentrum entfernt, ist auch er Wochenendziel vieler Dresdner. In dem arten- und wildreichen Wald kann man wandern. Im *Jagdschloß Grillenburg* befindet sich eine jagdkundliche Ausstellung. Auch ein Besuch der Stadt Tharandt lohnt sich, bekannt durch ihre Forstlehranstalt mit Forstbotanischem Garten. *Botanischer Garten: April–Okt. Mi–Mo 8–17 Uhr, Eintritt frei; Ausstellung: Di–So 10–17 Uhr, Eintritt 3 Mark. Nach Tharandt fährt die S-Bahn ab Dresden-Hauptbahnhof etwa 40 Minuten*

PLÄTZE UND STRASSEN

Altmarkt **(I 4)**
Um ermessen zu können, wie schön dieser Platz einmal war, muß man Canalettos Gemälde im Albertinum sehen. Seit dem 13. Jh. war er der zentrale Platz Dresdens, hier fanden Turniere, Feste, Tierhatzen statt. Die meisten Häuser wurden 1760 im Siebenjährigen Krieg zerstört, danach barock neu aufgebaut, bis 1945 alles im Bombenhagel unterging. 1953 begann hier der Wiederaufbau Dresdens in neuzeitlicher Blockbauweise mit aufgesetzten neobarocken Stilelementen. Immerhin wurde hinsichtlich der Gebäudehöhe maßgehalten, während der Platz nach Süden hin beträchtlich wuchs. Der 1995 begonnene Neuaufbau der Südseite soll die alte Größe wiederherstellen. Zunächst aber konnten Archäologen im unberührten Untergrund an der ältesten Stelle der Stadt auf 4000 Quadratmetern graben und untersuchen. Neben zahlreichen Kleinfunden aus dem frühen Mittelalter wurde ein Kellergewölbe aus dem 13. Jh. freigelegt. Von der alten Pracht ist nur die traditionsreiche, 1955 wiederhergestellte *Kreuzkirche* geblieben. An der Nordseite steht der 1969 fertiggestellte *Kulturpalast*. *Straßenbahn 1–5, 7, 8, 12, 14, 51, Bus 75*

Brühlsche Terrasse **(I 3)**
★ In ihrer heiteren Eleganz, ganz und gar barock, verbindet sie vortrefflich das Höfisch-Feudale mit moderner Urbanität. Hier kann man flanieren, hier zeigt sich die Stadt von ihrer Schokoladenseite, hier ist ihre Geschichte auf den Punkt gebracht.

Der berühmte (berüchtigte) Graf Heinrich von Brühl, Minister und Vertrauter von August II. und August III., erhielt 1738 das Gelände auf der ehemaligen Festungsmauer von seinem Fürsten geschenkt. Der Architekt Johann Christoph Knöffel verwandelte es in einen Lustgarten, in dem es besonders lustvoll zuging, wenn die augustinischen Feste stiegen, mit illuminiertem Bootskorso und Riesenfeuerwerk auf und über der Elbe. Von der ursprünglichen Anlage mit Palais, Pavillons und Kunstwerken aller Art blieb nur der *Delphinbrunnen* im Garten erhalten. Die großzügige Freitreppe entstand erst 1814, als die Terrasse auf Befehl des russischen Gouverneurs Fürst Repnin-Wolkonski für die Öffentlichkeit freigegeben wurde. Die Skulpturengruppe *Vier Tageszeiten* schuf Johannes Schilling 1863. Im Zentrum der Terrasse steht das Gebäude der ehemaligen Königlich-Sächsischen Kunstakademie, an der Glaskuppel leicht zu erkennen, von den Dresdnern »Zitronenpresse« genannt. Unweit davon das Denkmal für den Bildhauer Ernst Rietschel (1804–61), der an der Schule lehrte und dessen Atelier hier stand. Das Moritz-Monument an der nordöstlichen Ecke ist das älteste Denkmal Dresdens. Kurfürst August ließ es für seinen 1553 im Krieg gefallenen Bruder Moritz errichten. Im Innern des Terrassenbaus, in den alten Kasematten, experimentierte Johann Friedrich Böttger, der Erfinder des europäischen Porzellans (1707). Eine Gedenktafel erinnert daran. Hinter der Terrasse, stadteinwärts, steht das Denkmal für Gottfried Semper, jenen Architekten, der das Bild Dresdens im 19. Jh. prägte. An der östlichen Ecke entstand 1901–03 das Landtagsgebäude nach Plänen Paul Wallots, der den Berliner Reichstag baute.

In Höhe des Semperdenkmals sind jetzt wieder das Ziegeltor und die Kasematten der von 1529 bis 1749 genutzten Nordbastion der *Festung Dresden* zugänglich. *Eingang vom Georg-Treu-Platz, Besichtigung April–Okt. tgl. 10–17 Uhr, Nov.–März bis 16 Uhr.*

Auf dem »Balkon Europas«, wie die Brühlsche Terrasse auch genannt wird, befindet sich die *Sekundogenitur*, ehedem Palais der zweitgeborenen Prinzen, heute ein gutes Restaurant. Vom *Café Vis-à-vis* hat man einen herrlichen Blick auf das Elbufer und den Anlegeplatz der Dampfschiffahrt. *Straßenbahn 1–5, 7, 8, 12, 14, 51*

Die Elbe

Bei Dresden ist sie etwa 100 Meter breit, aber selten tiefer als zwei Meter. Während des Sommers wird sie meist schmaler und flacher. 1904 sah man sogar die »Hungersteine« am Flußgrund, die Schiffe rollten auf Rädern darüber weg. Im Herbst schwillt der Fluß an, im November hüllen sich die Ufer in Nebel, zu dieser Zeit ist die Dresdner Luft am schlechtesten. Im Winter hat die Elbe bei langem strengen Frost mitunter eine geschlossene Eisdecke. Bei Tauwetter versinken die Elbwiesen dann im Wasser. Im März 1845 wurde halb Dresden überflutet. Die früheren Treidelpfade und heutigen Wege am Elbufer dürfen nur mit Fahrrädern befahren werden.

Neumarkt **(I 3)**
Beherrscht wird der Platz durch die eindrucksvolle Ruine der Frauenkirche, einst Wahrzeichen der Stadt, heute Mahnmal ihres Untergangs im Februar 1945. Inzwischen ist damit begonnen worden, das berühmte Gotteshaus wieder aufzubauen. Wie schön der Neumarkt mit der damals gerade vollendeten Frauenkirche war, zeigt Canalettos Vedute, 1750 gemalt. In den Platz hinein schwenkt der Lange Gang mit dem *Fürstenzug*, der am *Johanneum* mündet, Dresdens interessantem Verkehrsmuseum. Die Flügelbauten des *Coselpalais* wurden 1975 rekonstruiert. Die nördliche Seite des Platzes wird von dem neuen Hotel *Dresden Hilton* begrenzt. Dahinter liegt die Brühlsche Terrasse. *Straßenbahn 1–5, 7, 8, 12, 14, 51*

Neustädter Markt **(I 2)**
Er ist der Markt von Dresden-Neustadt, der Platz, auf dem der *Goldene Reiter* steht. Von dem ursprünglichen städtebaulichen Ensemble blieb nach der Bombardierung 1945 kaum etwas übrig. Die ausgebrannte *Neustädter Wache* auf der Südseite ist wieder aufgebaut, die beiden *Nymphenbrunnen* von Benjamin Thomae (1742) wurden aus den zerstörten Eckhäusern geborgen und auf dem Markt aufgestellt.

Von hier führt die Hauptstraße geradewegs zum Albertplatz. Wilhelm von Kügelgen, der hier im Kügelgenhaus aufgewachsen ist, nannte sie in seinen Lebenserinnerungen die »schönste und freundlichste Straße Dresdens«. Das ist sie tatsächlich auch heute noch. Die rekonstruierten alten Bürgerhäuser und die Neubauten passen ausnahmsweise gut zusammen, unter Platanen kann man spazieren oder auf einer der vielen Bänke verweilen. Die zu Beginn des 18. Jhs. neu angelegte Allee hat einen raffinierten Zuschnitt: anfangs 53 Meter breit, verjüngt sie sich allmählich um 15 Meter. Vom Goldenen Reiter aus gesehen wirkt sie damit länger, als sie mit ihren 560 Metern tatsächlich ist. *Straßenbahn 4, 5*

Pirnaischer Platz **(I–K 4)**
Hier beginnt die Ost-West-Magistrale, als Ernst-Thälmann-Straße 1954–57 neu aufgebaut (jetzt Wilsdruffer Straße), mit der üblichen phantasielosen Architektur, konzipiert als Demonstrations- und Geschäftsstraße. Ihr Aushängeschild war der Kulturpalast mit der Fassadenmalerei *Der Weg der Roten Fahne*. Einziges historisches Gebäude des Straßenzuges ist das *Landhaus*, 1770–1776 für die sächsischen Landstände als eines der ersten Verwaltungsgebäude errichtet. Heute Stadtmuseum. *Straßenbahn 1–5, 7, 8, 12, 14, 51, Bus 75*

Prager Straße **(I 4–5)**
Wer mit der Eisenbahn anreist, kann ihr nicht entgehen, denn sie führt vom Hauptbahnhof in die Innenstadt. Doch die Behauptung, daß der erste Eindruck immer der entscheidende sei, stimmt hier wirklich nicht. Die einst so berühmte Straße, vergleichbar mit dem Kurfürstendamm in Berlin oder der Via Veneto in Rom, 1851 angelegt, wurde nach dem Abriß der zerbombten Gebäude ein zweites Mal zerstört. Die Aufreihung von Betonklötzen, mal hoch-

kant, mal quer, widersprach allem Verständnis für die Stadtkultur Dresdens. Blumenrabatten, Wasserspiele, Skulpturen und neuerdings die Reklamen der Kaufhausketten mildern allenfalls ein wenig die Tristesse. Seit der Wende wird nun »postmodern« weitergebaut. Ob die neue Architektur wirklich schöner ist als die alte, darüber wird noch heftig gestritten. Wem es aufs Einkaufen ankommt, der findet hier reichlich Gelegenheit dazu. Für nicht allzu anspruchsvolle Gäste gibt es drei große Hotelbettenhäuser. Der mächtige Rundbau beherbergt ein großes Kino. *Straßenbahn 1–5, 7–11, 26, Bus 72, 75, 76*

Theaterplatz (H–I 3)

Gleich ein Superlativ: Er gehört zu den schönsten deutschen Plätzen. Hier ist so ziemlich alles beieinander, was Dresden an touristischen Höhepunkten zu bieten hat: *Semperoper, Katholische Hofkirche, Taschenbergpalais, Altstädter Wache, Ostflügel des Schlosses* und die *Gemäldegalerie des Zwingers.* Noch ist nicht alles wieder aufgebaut, aber die Baugerüste lassen hoffen, daß der Rundblick bald wieder vollkommen ist. Diese Vollkommenheit entstand ursprünglich ja auch erst nach und nach, wie die unterschiedlichen Baustile beweisen. Zwischen dem Bau der Hofkirche (1738 bis 1755) und dem der Semperoper (1870) liegen 120 Jahre. Die eine zeigt sich im italienischen Barock, die andere im Neorenaissance-Stil. Dazwischen liegt Schinkels klassizistische Wache (1830). Mitten auf dem Platz ein Reiterdenkmal: König Johannes, nicht so sehr als Monarch, vielmehr als Dante-Forscher bekannt geworden. Und zwischen Zwingerwall und Gemäldegalerie, mit Blick auf die Semperoper: Carl Maria von Weber, ein Denkmal Ernst Rietschels. *Straßenbahn 1, 2, 4, 8, 12, 14, 51, Bus 74*

STADTVIERTEL

Altstadt (H–I 3–4)

So ziemlich alles, was den Ruhm Dresdens begründet, befindet sich in der Altstadt: *Zwinger, Schloß, Kathedrale, Semperoper, Kreuzkirche, Albertinum, Brühlsche Terrasse, Grünes Gewölbe, Sixtinische Madonna.* Mittelpunkt dieser ältesten Stadtanlage Dresdens war eine Burg auf dem Taschenberg, da, wo heute das Residenzschloß steht. Begrenzt wurde sie durch Befestigungsanlagen, die etwa auf der Linie Zwinger–Postplatz–Wallstraße–Ringstraße – Schießgasse – Terrassenufer verliefen. Die Mauern der Brühlschen Terrasse und am Zwingergraben sind Reste davon. Auch im Fußgängertunnel am Pirnaischen Platz ist noch ein Stückchen zu sehen. Im Laufe der Jahrhunderte erweiterte sich die Stadt, die Befestigungsanlagen wurden 1809 bis 1829 abgetragen. Der Altmarkt blieb weiterhin Zentrum Dresdens. Bei dem großen Luftangriff alliierter Bomber wurde die Altstadt völlig zerstört. Der Wiederaufbau einzigartiger Baudenkmäler war mühevoll und ist bis heute noch nicht abgeschlossen.

Der Durchmesser der Altstadt beträgt nur rund 500 Meter, man kann sie gut zu Fuß besichtigen. *Straßenbahn 1–5, 7, 8, 12, 14, 51, Bus 74, 75*

Friedrichstadt **(G 2)**
Nordwestlich der Altstadt liegt dieser Stadtteil, 1705 als selbständiger Ort namens Ostra gegründet. Hier hatten sich seit 1670 Handwerker und Manufakturen angesiedelt. Da man deren Dienste dringend brauchte, förderte August der Starke den Ausbau des Vorortes, der mit der Altstadt verbunden wurde. Ab 1730 hieß er Friedrichstadt, 1836 wurde er in Dresden eingemeindet.

Sehenswert ist die *Friedrichstraße* mit einigen sehr schönen klassizistischen Bürgerhäusern. In Nr. 44 wurde der Maler Ludwig Richter geboren (Gedenktafel), in Nr. 46 wohnte Johann Andreas Schubert, Konstrukteur der ersten deutschen Lokomotive. Das *Marcolinipalais* – heute Krankenhaus – war ursprünglich ein Landsitz des Grafen Brühl, ehe es 1774 in den Besitz des Grafen Marcolini überging.

In der *Weißeritzstraße* befindet sich die frühere *Zigarettenfabrik Yenidze*, 1906 in Form einer Moschee erbaut, im Krieg zerstört. Jetzt leuchtet die gläserne Kuppel abends wieder in Rot, Blau und Grün. Am schönsten ist sie von der Ostra-Allee aus zu sehen.

Hellerau **(O)**
Für Freunde der frühen Moderne ist es eine interessante Adresse, städtebaulich Interessierte haben hier Gelegenheit, die erste deutsche *Gartenstadt* kennenzulernen. Der Traum jedes sozial engagierten Architekten und jedes neubaugestreßten Großstädters ging hier in Erfüllung: die Funktion der Wohnung mit der Natur in Einklang zu bringen. Begonnen hatte es mit Karl Schmidt, der 1907 seine »Deutschen Werkstätten für Handwerkskunst« von Dresden-Laubegast nach Hellerau verlegte. In den neuen Fabrikgebäuden wurden Serienmöbel in einer einfachen, praktischen Form gebaut, bahnbrechend für die Möbelproduktion. Gleichzeitig entstanden Reihen-Einfamilienhäuser für die Arbeiter der Werkstätten. Das *Festspielhaus* mit dem Festplatz, von dem Architekten Tessenow entworfen, ging in die Baugeschichte ein. Zu Beginn der zwanziger Jahre war die Gartenstadt zu einem Zentrum der Reformbewegung geworden, das progressive Künstler und Verleger anzog, so auch die Tanzschule von Jacques Dalcroze, an der Mary Wigman Schülerin war.

Hellerau blieb vom Bombardement verschont, bedarf aber gründlicher Instandsetzung. *Straßenbahn 8, Bus 80*

Hosterwitz **(O)**
Auf dem Weg nach Pillnitz sollte man hier unbedingt verweilen. Ein Spaziergang am Elbufer entlang führt zu der anmutigen alten Schifferkirche *Maria am Wasser.* Freunde der Opern von Carl Maria von Weber finden in Hosterwitz auf Schritt und Tritt Stätten der Erinnerung an den Komponisten, der von 1816 bis 26 Musikdirektor der Dresdner Oper war. In seinem Sommerhaus Dresdner Straße 44 arbeitete er an seinen Werken Freischütz, Euryanthe, Oberon. Eine Ausstellung informiert ausführlich. In dem zauberhaften Garten finden im Sommer Kammerkonzerte statt. Von hier führt ein herrlicher Weg durch den bewal-

deten Keppgrund zur *Keppmühle* (20 Minuten). Das *Keppschloß* gehörte erst dem Grafen Brühl, später Graf Marcolini. Bunt ist die Geschichte des Hauses Laubegaster Straße 2. Ab 1745 bis 49 schuf hier Lorenzo Matielli die Heiligenstatuen für die Hofkirche, dann übernahm es Graf Brühl und ließ Schnupf- und Rauchtabak herstellen. 1755–88 betrieb der Kurfürst eine Seidenmanufaktur mit eigener Raupenzucht. *Weber-Gedenkstätte, Dresdner Straße 44, Tel. 39234, Mi–So 13–18 Uhr, Bus 85*

Loschwitz **(O)**

Über Dresdens schönste Brücke, das »Blaue Wunder«, führt der Weg in diesen von der Natur besonders begünstigten Stadtteil. Ursprünglich ein Winzerort, räumte die Reblaus Ende des 19. Jhs. so gründlich mit dem Weinbau auf, daß sich die Elbhänge nun gewinnbringender als Bauland anboten; Adel und Geldadel bauten hier ihre Palais und Villen. Nach Anzahl und Ausstattung zu beurteilen, muß es in Dresden viele vermögende Leute gegeben haben. Die berühmtesten Bauten sind das spätklassizistische *Albrechtsberg, Villa Stockhausen* und *Schloß Eckberg*. Das Fährhaus am Elbufer mit Walm- und Mansardendach stammt aus dem 17. Jh. und ist eines der ältesten Fachwerkhäuser Dresdens. Die hier beginnende Straße ist nach Friedrich Wieck benannt, dem Vater der Pianistin Clara Schumann, der im Haus Nr. 10 wohnte. Unterhalb des Elbhanges, Körnerweg 6, wohnte die berühmte Dresdner Familie Körner. Zu ihrem Freundeskreis gehörten Goethe, Kleist, Novalis, die Brüder Humboldt, Mozart und Schlegel. Hier trafen sie sich und tranken Wein aus der Körnerschen Weinkellerei, gewachsen auf den Hängen des Körnerschen Weingutes, in dessen Gartenhaus eine Zeitlang Friedrich Schiller wohnte und den »Don Carlos« schrieb.

Wer die verschlungenen Wege den Elbhang hinauf nicht zu Fuß steigen will, kann mit der Standseilbahn fahren. Vom Körnerplatz aus erreicht man in knapp fünf Minuten mit der Standseilbahn den 100 Meter höher gelegenen Stadtteil Weißer Hirsch. Zur Aussichtsplattform auf der Loschwitzhöhe fährt eine Schwebebahn, die älteste der Welt. *Straßenbahn 1, 6, 11, 51*

Neustadt **(I–K 2)**

Sie liegt gegenüber der Altstadt. Die Augustusbrücke verbindet die beiden Teile des Stadtzentrums miteinander. Von dem Neustädter Brückenkopf hat man einen herrlichen Blick auf das historische Dresden, vor allem am Abend, wenn Semperoper und Hofkirche farbig angestrahlt sind. Es empfiehlt sich, der Richtung des Goldenen Reiters zu folgen, über den Neustädter Markt in die Hauptstraße der inneren Neustadt mit ihrer herrlichen alten Platanenallee, mit Bänken und Sandsteinfiguren. Eine Reihe schöner barocker Bürgerhäuser überstanden das Bombeninferno. Sie wurden rekonstruiert und sehr geschickt mit Neubauten ergänzt. Restaurants, Geschäfte, Cafés, kleine Museen sind zu entdecken.

Unbedingt besuchen sollte man das ★ *Kügelgenhaus* in der

Hauptstraße 13. Das herrliche klassizistische Bürgerhaus ist sehenswert – auch von innen. Es beherbergt u. a. das Museum zur Dresdner Frühromantik. In der Nieritzstraße stehen Häuser im Biedermeierstil. In der Antonstraße 8 und 29 bis 37 sind die klassizistischen Fassaden sehenswert. Viele allerdings sind stark verfallen.

Ursprünglich – etwa seit 1370 – hieß die Neustadt Altendresden, bis sie 1685 völlig niederbrannte. August der Starke befahl den Wiederaufbau, und nach einem Plan von Wolf Caspar von Klengel entstand eine komplette Barockanlage, die »Neue Stadt bey Dresden«. In der Bauzeit lebten und wirkten hier der Goldschmied Johann Melchior Dinglinger, der Orgelbauer Gottfried Silbermann, der Komponist Johann Sebastian Bach und Johann Friedrich Böttger, Erfinder des europäischen Porzellans.

Von den repräsentativen Gebäuden ist wenig übriggeblieben. Das *Blockhaus*, das *Japanische Palais* und die *Dreikönigskirche* sind Reste aus Dresdens Blütezeit. *Straßenbahn 4, 5*

Äußere Neustadt (I–K 1)

★ Die äußere Neustadt beginnt nördlich des Albertplatzes. Gründerzeit und Jugendstil bestimmen hier das Straßenbild. Noch sind viele Putz- und Ziegelfassaden mit Erkern und Türmchen verfallen, die Gartenhäuschen in den Hinterhöfen »entwohnt«. Doch die Sanierung der Dresdner »Bronx« ist in vollem Gang. So erstrahlt *Pfundts Milchgeschäft* in der Bautzner Straße 79 wieder im alten Glanz. 1892 ließen die Molkereibesitzer Pfundt ihren Laden durchgängig mit bunten Kacheln ver-

Wieder im alten Glanz: das Milchgeschäft in der Bautzner Straße

kleiden, es entstand ein regelrechtes Bilderbuch, umrankt von Jugendstilornamenten. Auch das Kulturzentrum und Szenelokal *Scheune* *(Alaunstraße 36, Tel. 8045532)* ist renoviert worden. *Straßenbahn 7, 8, 11, 13, 51*

Übigau (O)
Industrieviertel im Nordwesten. Auf der Schiffswerft Übigau wurde das erste Dampfschiff gebaut, das auf der Elbe verkehrte. Es hieß »Königin Maria«, konstruiert hatte es der Dresdner Erfinder Schubert. Fremde kamen nur selten hierher. Aber Einheimische und Eingeweihte, die ungewöhnliche Romantik lieben, machten den Weg hierher gern: Auf dem *Altmickten*, einem malerischen Plätzchen direkt am Ufer der Elbe, stehen viele alte Linden um den 125jährigen Gasthof *Zur Linde*. Der Gasthof soll nun renoviert und wieder eröffnet werden. *Bus 80*

Wachwitz (O)
Dieser ganz und gar grüne Stadtteil ist über die Pillnitzer Landstraße zu erreichen. Den alten Dorfkern umgeben spitzgieblige Winzerhäuschen mit Fachwerkornamenten. Wer viel Zeit hat, kann hier am Elbufer entlang spazierengehen oder sich im *Wachwitzer Höhenpark*, wo im Juni der Rhododendrongarten in voller Blüte steht, erholen und ablenken lassen. Am Oberwachwitzer Weg steht Dresdens *Fernsehturm*. Von der Aussichtsplattform in 148 Meter Höhe hat man einen herrlichen Blick über Stadt und Land. Sie und das *Turmcafé* sind z. Zt. nicht zugänglich. Auskunft bei der Tourist-Information. *Bus 85, 93*

Hoch über der Elbe: Weißer Hirsch

Weißer Hirsch (O)
★ Dresdens Villenviertel, bevorzugter Wohnsitz wohlhabender Bürger. Vom Elbufer führen viele Stufen hinauf zu den Hängen, aber auch mit der Standseilbahn ab Körnerplatz oder mit dem Auto über die Bautzner Straße ist »Dresdens Balkon« zu erreichen. Hier stehen Villen aus längst verlorenen Zeiten.

Ein Gasthof namens »Weißer Hirsch« (1688 erbaut) gab dem Stadtteil seinen Namen. Beinahe 200 Jahre später besann man sich auf die gute Luft dort oben und baute ein Sanatorium. Die unmittelbar benachbarte Dresdner Heide tut noch heute was sie kann, um ihrer Funktion als grüne Lunge gerecht zu werden, allerdings mit geringem Erfolg. In der Elbniederung ist die Luft belastet, oft herrscht Smog. Sehr schöne Gaststätten sind das *Waldcafé* und der (leider vorerst geschlossene) *Luisenhof*. *Straßenbahn 11, 51, Bus 61*

Zwei Stunden im Museum

Die Sixtinische Madonna, die Veduten Canalettos, die Geschmeide des Goldschmiedes Dinglinger: Schätze in Dresdens Museen

Viele Touristen kommen allein wegen der *Sixtinischen Madonna* in die Stadt, dem Superstar in der Sammlung Alte Meister. Nach einem längeren Gastspiel im Albertinum ist sie zusammen mit etwa 650 Bildern, einem Drittel des Gesamtbestandes, wieder im Zwinger zu sehen.

Es grenzt schon ans Wunderbare, daß der Bestand der Dresdner Kunstwerke trotz der Kriegswirren weitgehend erhalten blieb. 1942 waren sie zunächst in 45 Orte Sachsens ausgelagert worden. Als die sowjetische Armee näherrückte, wurde ein Teil in Kalkbergwerken deponiert, was ihnen zwar nicht gut bekam, sie aber vor der Vernichtung rettete. Bei den Bombenangriffen am 13. und 14. Februar 1945 wurden sämtliche Museen zerstört, 154 Bilder verbrannten, über 700 Gemälde gingen auf andere Weise verloren, 1240 wurden von sowjetischen Truppen geborgen. Zunächst in Moskauer und Leningrader Museen aufbewahrt und teilweise restauriert, gab die Regierung der UdSSR sie 1955 an die DDR zurück. Darunter befanden sich auch Veduten von Canaletto, zwischen 1746 und 1758 im Auftrag des sächsischen Kurfürsten gemalt, als eine Art Dokumentation über das damals neue, augustinische Dresden.

Auch für den Besuch des Albertinums muß man einen ganzen Tag einplanen, wenn man alles genießen will: Die Sammlung Neuer Meister, das Grüne Gewölbe und die Skulpturensammlung sind unbedingt sehenswert. Ein Kontrastprogramm dazu ist das Verkehrsmuseum im Johanneum, bekannt für seine reiche Sammlung von Verkehrsfahrzeugen aller Art. Aber auch viele kleine, weniger spektakuläre Museen verdienen Beachtung, beispielsweise das Kügelgenhaus. Die zentral gelegenen Museen und Galerien sind am besten zu Fuß zu erreichen oder mit Straßenbahnen und Bussen. An einem Tag in der Woche sind die Museen geschlossen, vernünftigerweise

Pracht vergangener Zeiten: handgemalte Tapeten im Barockmuseum Schloß Moritzburg

nicht alle am Montag. Eine Tageskarte für alle Museen der Staatlichen Kunstsammlungen kostet 10 Mark. In diesen Museen werden auch einstündige Führungen angeboten.

Die Museen bieten zudem ein interessantes Veranstaltungsprogramm, über das ein kleines Faltblatt Auskunft gibt, das man in den Tourist-Informationsbüros erhalten kann. Und wer es vor dem Dresden-Besuch schon haben möchte, braucht nur einen frankierten und adressierten Rückumschlag zu schicken an *Tourist-Information, Prager Straße 10, 01069 Dresden.*

Albertinum **(I 3)**

Für Kunstbeflissene ist es eine ebenso wichtige Adresse wie der Zwinger, denn in diesem eher schlichten Gebäude sind so hervorragende Sammlungen wie die Galerie Neuer Meister, das Grüne Gewölbe, das Münzkabinett und die Skulpturensammlung untergebracht. Der Name bezieht sich auf König Albert, der diesen Zweckbau 1884 in Auftrag gab. Der Architekt C. A. Canzler bezog das alte Zeughaus aus dem 16. Jh. mit ein, an den toskanischen Säulen im Erdgeschoß zu erkennen. *Georg-Treu-Platz 1, Eingang Brühlsche Terrasse, Fr–Mi 10–18 Uhr, Eintritt 7 Mark, ermäßigt 3,50 Mark. Straßenbahn 1–5, 7, 8, 12, 14, 51, Bus 75*

Buchmuseum **(O)**

Es gibt auf der Welt drei Maya-Handschriften, eine davon besitzt die Sächsische Landesbibliothek, die auch noch andere Kostbarkeiten vorzeigen kann, beispielsweise 700 Wiegendruk-

MARCO POLO TIPS FÜR MUSEEN

1 **Gemäldegalerie Alte Meister**
Star ist die Sixtinische Madonna (Seite 39)

2 **Gemäldegalerie Neue Meister**
Von Caspar David Friedrich bis zum sozialistischen Realismus (Seite 40)

3 **Porzellansammlung**
Altchina und Böttger-Steinzeug (Seite 44)

4 **Verkehrsmuseum**
Oldtimer und Dampfloks (Seite 45)

5 **Hygienemuseum**
Wiege der Gläsernen Frau (Seite 41)

6 **Mathematisch-Physikalischer Salon**
Älteste Rechenmaschine der Welt (Seite 42)

7 **Grünes Gewölbe**
Größte Pretiosensammlung Europas (Seite 41)

8 **Kupferstichkabinett**
Eines der reichsten der Welt (Seite 42)

9 **Museum zur Dresdner Frühromantik**
Im herrlichen Kügelgenhaus (Seite 42)

10 **Museum für Volkskunst**
Kontrastprogramm: Kunst der »kleinen Leute« (Seite 44)

ke aus dem 15.Jh. einmalige Ausgaben des Buchdruckes seit dem 16. Jh. und 10000 Handschriften. Im Buchmuseum ist die Entwicklung des Buchdrucks dargestellt. *Sächsische Landesbibliothek, Marienallee 12, Mo–Fr 9–16 Uhr, Führung Sa 14 Uhr, Eintritt frei, Straßenbahn 7, 8, Bus 91*

Gedenkstätte Carl Maria von Weber (O)

1816 wurde Weber Musikdirektor der Oper. In den folgenden Jahren komponierte er »Der Freischütz«, »Euryanthe«, »Oberon«. Und weil er dazu Ruhe und Muße brauchte, suchte er sich außerhalb der Stadt, in dem hübschen Dorf Hosterwitz, ein Domizil. Das ehemalige Weinbauernhaus ist die einzige der Dresdner Wohnungen Webers, die den Krieg überstand. Heute befindet sich hier ein kleines Museum, das über Leben und Werk des Musikers Auskunft gibt. Im Sommer finden im Garten Kammerkonzerte statt. Im Repertoire ist immer die »Aufforderung zum Tanz«, weil auch diese bekannte Komposition hier entstand. *Dresdner Straße 44, Mi–So 13–18 Uhr, Eintritt 3 Mark, ermäßigt 1,50 Mark, Bus 85*

Gemäldegalerie Alte Meister (H 3)

★ Vorab: Es handelt sich um meisterhafte Gemälde, die zwischen dem 15. und 18. Jh. entstanden, danach entstandene sind in der Galerie Neue Meister zu finden. Superstar der »Alten« ist die ewigjunge *Sixtinische Madonna*, Raffael malte sie um 1516. Ihr Name ist auf Papst Sixtus zurückzuführen, jenen bärtigen Mann zu ihrer Rechten. Auf der anderen Seite kniet die heilige Barbara im damals modischen Renaissancekleid.

1754 hatten die Mönche des Klosters San Sisto in Piacenza das Bild für 25000 Scudi nach Dresden verkauft, heute ist es unbezahlbar. 200 Jahre lang hing es im Stallhaus des Schlosses, das dem Kurfürsten als Galerie diente, 1855 kam es in den neuen Semperbau des Zwingers, der nach Zerstörung und Wiederaufbau erneut renoviert werden mußte. Neben der Madonna sind viele andere unschätzbare Kostbarkeiten ausgestellt, beispielsweise Rembrandts *Saskia,* Tizians *Zinsgroschen*, Vermeers *Brieflesendes Mädchen*, Arbeiten von Lucas Cranach d. Ä., Dürer, Rubens und Holbein d. J. Grundstock der Sammlung, einer der reichsten dieser Art in der Welt, war die um 1560 gegründete Kunstkammer. August der Starke und sein Sohn waren Freunde der schönen Künste und leidenschaftliche Sammler. Sie schickten Gesandte, Maler, Kunstkenner aus, um Bilder aufzukaufen, vor allem italienischer und niederländischer Meister. Ganze Sammlungen wurden erworben, so die Galerie Wallensteins, 69 Gemälde aus der kaiserlichen Galerie, 100 aus der Sammlung des Herzogs von Modena. Dem Kunstsinn beider Fürsten und wohl auch ihrem leichtsinnigen Umgang mit Geld hat Dresden eine Kollektion von Kunstwerken zu verdanken, die in dieser Geschlossenheit einzigartig ist. Die berühmtesten europäischen Maler sind hier mit ihren Meisterwerken vertreten, auch Bernardo Bellotto, genannt Canaletto, mit seinen Dresden-Veduten. *Zwinger, Semperbau, Di–So 10–18*

Uhr, Eintritt 7 Mark, ermäßigt 3,50 Mark, Straßenbahn 1, 2, 4, 8, 12, 14, 51, Bus 74

Gemäldegalerie Neue Meister (I 3)
★ Hier kann man endlich einmal die Originale der Bilder sehen, die in jeder Kunstbetrachtung auftauchen und in vielen Wohnstuben hängen. So zum Beispiel die *Zwei Tänzerinnen* in ihren orangeroten Tutus von Edgar Degas oder die *Zwei Männer in Betrachtung des Mondes* von Caspar David Friedrich oder das *Früchtestilleben* von Vincent van Gogh und natürlich die Dresdenansichten von Canaletto.

Erst 1931 hatte sich die Sammlung Neue Meister selbständig gemacht und war aus der Sempergalerie im Zwinger ins Albertinum umgezogen. Das war nötig geworden, seitdem Galeriedirektor Woermann Ende des 19. Jhs. moderne Kunst in großem Umfang angeschafft hatte. Die Sammlung wurde systematisch aufgefüllt mit Werken europäischer Meister des 19. und 20. Jhs. Alle Richtungen sind vertreten, von Klassizisten und Nazarenern über die Romantiker, Realisten, Jugendstil- und Heimatmaler, Impressionisten bis hin zur proletarisch-revolutionären und – inzwischen auch ein eigenes Sammelgebiet – sozialistischen Malerei. Unter den Dresdner Künstlern ist die Expressionistengruppe »Die Brücke« bemerkenswert. Als »entartete Kunst« von den Nazis aus der Galerie entfernt, sind die meisten Bilder der Brücke-Maler leider entweder verschollen oder bei Bombenangriffen verbrannt. Den Bildern beigestellt wurden Plastiken aus den gleichen Kunstepochen. *Albertinum, Brühlsche Terrasse, Fr–Mi 10–18 Uhr, Eintritt 7 Mark, ermäßigt 3,50 Mark, Straßenbahn 1–5, 7, 8, 12, 14, 51, Bus 75*

Sachsens ganzer Reichtum im Grünen Gewölbe

Grünes Gewölbe **(I 3)**

★ Der Name der größten und wertvollsten Pretiosensammlung der Welt leitet sich von jenem Raum im Schloß ab, in dem die Kostbarkeiten aufbewahrt wurden; der war gewölbt und grün angestrichen. August der Starke hatte ihn ausgewählt, um hier die schönsten Stücke aus kurfürstlicher Kunst- und Silberkammer und aus der »Geheimen Verwahrung« auszustellen. Es war das erste öffentlich zugängliche Museum dieser Art. Empfände man heute eine so unverblümte Zurschaustellung des Reichtums vermutlich als Provokation, so verstand August der Starke das wohl eher als Repräsentation seiner Herrscherwürde. Er liebte Schönheit, Reichtum, Glanz, und das sollten alle sehen. Sie sehen es noch heute. Die Schätze, in vier Räumen des Albertinums ausgestellt, werden täglich von zahlreichen Besuchern bewundert. Dabei kommen die Liebhaber glitzernder Geschmeide ebenso auf ihre Kosten wie die Freunde der schönen Künste. Schmuck, Gefäße, Kästen, Spiegel, Uhren, Skulpturen, phantasievolle Gebilde in Hülle und Fülle, von unschätzbarem Wert und hoher künstlerischer Qualität sind zu sehen. Höhepunkt ist der *Hofstaat von Delhi am Geburtstag des Großmoguls Aureng Zeb* – ein Wunderwerk mit 137 goldenen, farbig emaillierten Figuren. Der Goldschmied Johann Melchior Dinglinger arbeitete gemeinsam mit seinem Bruder und vierzehn Gehilfen sieben Jahre daran (1701–08). Sie verarbeiteten dabei 3000 Diamanten, Rubine, Smaragde und Perlen. Alles zusammen kostete 58485 Taler, ein Drittel mehr als der Rohbau des Schlosses Moritzburg. Die Brüder Dinglinger begründeten Ende des 17. Jhs. die berühmte Schule der Dresdner Juwelierkunst. Aus ihrer Werkstatt stammen auch das *Bad der Diana* und das goldene Kaffeeservice für August den Starken. Zu sehen sind Skulpturen von Balthasar Permoser, Giovanni di Bologna und von Adriaen de Vries. *Albertinum, Brühlsche Terrasse, Fr–Mi 10–18 Uhr, Eintritt 7 Mark, Straßenbahn 1–5, 7, 8, 12, 14, 51, Bus 75*

Hygienemuseum **(K 5)**

★ Seit der Eröffnung des Museums 1930 ist hier die weltberühmte *Gläserne Frau* zu bestaunen. Ihr geistiger Vater war der Pharmazie-Großindustrielle Karl-August Lingner; nach ihm ist der Platz vor dem Museum benannt. Seinem Anliegen, die Menschen über die Funktionen ihres Körpers aufzuklären und über die Möglichkeiten der Vorbeugung und Bekämpfung von Krankheiten, fühlt sich das Institut bis heute verpflichtet. Auf anschauliche Weise wird die Physiologie des Menschen dargestellt. Wer Kindern Anschauungsmaterial, auch zur sexuellen Aufklärung, anbieten möchte, ist mit ihnen hier gut aufgehoben.

Zur »Gläsernen Frau« haben sich inzwischen auch gläserne Modelle eines Mannes, eines Pferdes und einer Kuh gesellt.

Das Museumsgebäude wurde 1928–30 im Bauhausstil errichtet und wirkt monumental. *Lingnerplatz 1, tgl. außer Mo 9–17 Uhr, Eintritt 5 Mark, Straßenbahn 1–3, 5, 7, 8, 11, 51*

Kraszewski-Museum **(O)**
Wer auf amüsante literarische Art mehr über das bewegte Leben am sächsischen Hof erfahren will, sollte unbedingt die Romane »Gräfin Cosel« und »Brühl« von Józef Ignacy Kraszewski lesen. Der polnische Schriftsteller, Autor vieler historischer Romane, schrieb die beiden Bestseller 1874 bis 1875 in Dresden. Er wohnte damals in der Villa, die heute als kleines Museum eingerichtet ist. *Nordstraße 28, nur April–Okt. Mi–So 10–18 Uhr, Eintritt 3 Mark, Straßenbahn 11, 13, 51, Bus 91*

Kunsthalle **(G–H 2)**
Erstes privat finanziertes Museum Dresdens: Gegenwartskunst in wechselnden Ausstellungen unweit des Zwingers mit seinen Alten Meistern. *Maxstr. 2, Mi–So 11–19 Uhr, Eintritt frei, Straßenbahn 8, 9, Bus 74*

Kupferstichkabinett **(L 3)**
★ Mit über 200 000 graphischen Blättern, 500 graphischen Folgen und 2500 Zeichnungen gehört es zu den reichsten Sammlungen dieser Art überhaupt. Seine Schätze zeigt es in wechselnden Ausstellungen in den Räumen des Kabinetts, hin und wieder auch im Albertinum. Außerdem können die beeindruckenden Bestände im Studiensaal eingesehen werden. *Güntzstraße 34 (Hochschule für Bildende Künste), Mo, Mi, Fr 9–16 Uhr, Di, Do 9–18 Uhr, Eintritt 3 Mark, Straßenbahn 6, 13, 16*

Mathematisch-Physikalischer Salon **(H 3)**
★ Die älteste Rechenmaschine der Welt, 1642 von Blaise Pascal gebaut, steht hier, ein arabischer Himmelsglobus von 1270 und eine Globusuhr von 1586. Wie das Grüne Gewölbe entstand auch diese Sammlung 1730. Erstaunliche Präzision zeichnen die Instrumente und Apparate für Mathematik, Physik, Astronomie, Chronometrie, Geodäsie und Meteorologie aus. Es sind Glanzstücke klassischen Designs. Einzigartig ist die Uhrensammlung. *Kronentor, Fr–Mi 9.30–17 Uhr, Eintritt 3 Mark, Straßenbahn 1, 2, 4, 8, 12, 14, Bus 74*

Militärhistorisches Museum **(O)**
Wer sich für Militärgeschichte interessiert, kommt hier voll auf seine Kosten. Im alten Arsenalgebäude der sächsischen Armee kann man sich anhand von 6000 Exponaten informieren, wie und womit seit dem späten Mittelalter bis in die Gegenwart Kriege geführt wurden. In einer Sonderausstellung über den Weltraumflug steht der Landeapparat von Sojus 29. *Olbrichtplatz 3, tgl. außer Mo 9–17 Uhr, Eintritt 1,50 Mark, Straßenbahn 7, 8, Bus 91*

Museum zur Dresdner Frühromantik **(I 3)**
★ Für unsere Großeltern gehörten sie noch zur vergnüglichen Pflichtliteratur, die »Jugenderinnerungen eines alten Mannes«. Ihr Autor, Wilhelm von Kügelgen, war der Sohn des Malers Gerhard von Kügelgen, sie wohnten seit 1808 nahe dem Neustädter Markt, Hauptstraße 13, in einem schönen klassizistischen Bürgerhaus. Das nach ihnen benannte Kügelgenhaus ist inzwischen in neuer alter Schönheit wiedererstanden. Seine helle Fassade mit der goldenen In-

schrift entdeckt man schon von weitem in der Häuserzeile. In dem intimen Museum wurden Wohnzimmer und Atelier der früheren Bewohner nachgestaltet. Hier traf sich ihr berühmter Dresdner Freundeskreis, Frühromantiker wie Caspar David Friedrich, Heinrich von Kleist, Christian Gottfried Körner. Ein Teil der Ausstellung zeigt die historische Entwicklung der inneren Neustadt. In einem gemütlichen Restaurant mit biedermeierlichem Ambiente kann man vorzüglich speisen. *Hauptstraße 13, Mi–So 10–18 Uhr, Eintritt 3 Mark, Straßenbahn 3–8, 11*

Museum für Mineralogie und Geologie (I 3)
Glanz und Wohlstand des Dresdner Hofes wären ohne die reichen Silberfunde des sächsischen Erzbergbaus nicht möglich gewesen. Daß dabei auch andere Mineralien gefördert wurden, liegt in der Natur der Sache. Aus seiner Sammlung von 50 000 Mineralien zeigt das Museum die schönsten Exemplare und eine Auswahl von wertvollen Fossilien. *Augustusstr. 2, Mi–Mo 10–13 Uhr und 14 bis 16 Uhr, Eintritt 1 Mark, Straßenbahn 1, 2, 4, 8, 12, 14, 51, Bus 74*

Museum für Stadtgeschichte (I 4)
Das Gebäude gehört zum Thema: Es ist das Haus der sächsischen Landstände von 1776. Über eine schöne doppelläufig geschwungene Treppe sollte man gleich in die vierte Etage steigen, denn dort beginnt die Ausstellung mit den Anfängen der Stadt; von Etage zu Etage folgt man der Geschichte bis in die Gegenwart. Besonders aufschlußreich sind die alten Stadtmodelle. Eine Ausstellung zur Geschichte der Feuerwehr in der ersten Etage. *Wilsdruffer Straße 2, Sa–Do 10 bis 18 Uhr, Eintritt 3 Mark, Straßenbahn 1–5, 7, 8, 12, 14, 51, Bus 75*

Museum für Tierkunde (H 3)
Man muß natürlich nicht extra nach Dresden fahren, um ein Museum für Tierkunde zu besuchen. Aber wer sich dafür interessiert, sollte unbedingt mal hineinschauen. Es besteht schon seit 1720, damals als Naturalienkammer gegründet, und besitzt umfangreiche Sammlungen, u. a. die vollständigste Käfersammlung der Welt und prachtvolle Phantasievögel. *Zwinger, Kronentor (Ostra-Allee), Di–So 9–16 Uhr, Eintritt 2 Mark, Straßenbahn 1, 2, 4, 8, 12, 14, 51, Bus 74*

Museum für Völkerkunde (I 2)
Eigentlich hatte August der Starke das Japanische Palais für seine umfangreichen Porzellansamm-

Fregatte, von Neptun getragen, im Grünen Gewölbe

lungen bauen lassen. Heute befinden sich hier etwa 7500 ethnographische Exponate aus allen Erdteilen. Z. Zt. wegen Bauarbeiten geschlossen, aber es gibt Sonderausstellungen. *Palaisplatz, Sa bis Do 10–17 Uhr. Eintritt 3 Mark, Straßenbahn 4, 5*

Museum für Volkskunst **(I 2)**

★ Hier findet man ein Kontrastprogramm zum Grünen Gewölbe, denn im Unterschied zur höfischen Kunst ist hier die Kunst der sogenannten kleinen Leute zu sehen: sächsische Volkskunst, vor allem aus Holz geschnitzt, erzgebirgisches Spielzeug, Leuchter, Pyramiden, Nußknacker, Räuchermännchen, praktischer Hausrat.

Im Jägerhof, einem der ältesten Gebäude Dresdens, richtete Professor Oskar Seyffert die 1897 von ihm begründeten Sammlungen als Museum ein. Das Gebäude ist 1945 ausgebrannt, aber die Bestände sind glücklicherweise gerettet worden. *Köpckestr. 1, tgl. außer Mo 10 bis 18 Uhr, Eintritt 2 Mark, Straßenbahn 4, 5*

Porzellansammlung **(H 3)**

★ In der Heimat des europäischen Porzellans scheint ein Besuch dieses Museums unerläßlich, zumal es sich in einem Gebäude des Zwingers befindet, also auf jedermanns Weg liegt. Gleich am Eingang stehen zwei der berühmt-berüchtigten *Dragonervasen,* so genannt nach einem Tauschhandel zwischen August dem Starken und Friedrich Wilhelm I. von Preußen: 600 sächsische Dragoner gegen 14 Vasen. August sammelte leidenschaftlich kostbares Porzellan aus Ostasien, nach Böttgers Erfindung aber auch eigens für ihn gefertigte Stücke aus der eigenen Manufaktur. So kam eine Kollektion zusammen, die einmalig in Europa und nur noch mit der des Serail in Istanbul zu vergleichen ist. Gezeigt werden u. a. chinesische Keramik von 206 v. Chr. bis zur Ming-Dynastie im 17. Jh., frühe chinesische Porzellane und japanisches Imari-Porzellan. Eindrucksvoll sind das Böttger-Steinzeug und frühes Meißner Porzellan, bezaubernd die Figuren von Kändler und Kirchner aus Sachsens Blütezeit. *Zwinger, Eingang Sophienstr., tgl. außer Do 10–18 Uhr, Eintritt 3 Mark, Straßenbahn 1, 2, 4, 8, 12, 14, 51, Bus 74*

Rüstkammer **(H 3)**

Wer sehen möchte, wie August der Starke bei seiner Krönung als König von Polen im Jahre 1697 angezogen war, kann seinen prächtigen Ornat in einer Vitrine bewundern. Prunkgewänder sächsischer Fürsten vom 15. bis 18. Jh. sind ausgestellt und vor allem Waffen, Harnische, Dolche und Degen, Prachtexemplare, von begabten Waffenschmieden und Kunsthandwerkern gefertigt. Hier sind Sie in einer der größten Prunkwaffensammlungen der Welt. *Zwinger, Theaterplatz, Di–So 10–18 Uhr, Eintritt 3 Mark, ermäßigt 1,50 Mark, Straßenbahn 1, 2, 4, 8, 12, 14, 51, Bus 74*

Skulpturensammlung **(I 3)**

Sie ist die früheste Antikensammlung außerhalb Italiens, die zudem beweist, daß August der Starke nicht allein ein Freund der schönen Künste schlechthin gewesen ist, sondern auch ein allseitig gebildeter und kunsthistorisch interessierter Mann. Zwischen 1717 und 1728 legte er die Sammlung an, zunächst durch Ankauf antiker Skulpturen, die dann laufend ergänzt wurden, nicht nur durch kostbare Originale, sondern – der Vollständigkeit halber – auch durch Gipsabgüsse. So konnte beinahe lückenlos die Entwicklung handwerklicher und künstlerischer Fertigkeiten in der Zeit der Antike nachgewiesen werden – damals eine Sensation. Sie inspirierte Johann Joachim Winckelmann, den Begründer der modernen Archäologie und Kunstgeschichte, zu seinen grundlegenden Schriften. 500 Meisterwerke aus dem 11. Jh. v. Chr. bis zum 4. Jh. n. Chr. sind zu sehen. Höhepunkte: Athena und Lemnia nach Phidias, die drei Herkulanerinnen, die tanzende Mänade von Skopas. *Albertinum, Brühlsche Terrasse, tgl. außer Do 10–18 Uhr, Eintritt 7 Mark, Straßenbahn 1–5, 7, 8, 12, 14, 51, Bus 75*

Verkehrsmuseum **(I 3)**

★ Die 1861 gebaute Dampflokomotive »Muldenthal« ist hier zu sehen, der älteste erhaltene Straßenbahntriebwagen Deutschlands, der erste verkehrstaugliche Benz-Lastkraftwagen, das 1909 von Hans Grade gebaute erste erfolgreiche Motorflugzeug der Welt und – zur Freude der Ökologen – eine vollständige Sammlung von Fahrrädern aller Art. Die großen Räume des Johanneum boten ausreichend Platz für die voluminösen Exponate. Dokumentiert wird die Geschichte der Verkehrsmittel: Eisenbahn, städtischer Nahverkehr, Kraftverkehr, Schiffahrt, Luftverkehr. Vor allem Eisenbahn- und Oldtimer-Freunde kommen auf ihre Kosten. Reizvoll und lehrreich zugleich sind die Dioramen mit Szenen aus der Verkehrsgeschichte vom Altertum bis heute. *Neumarkt, Di–So 10–17 Uhr, Eintritt 4 Mark, Straßenbahn 1–5, 7, 8, 12, 14, 51, Bus 75*

»Jugendlicher Athlet« in der Skulpturensammlung im Albertinum

DAMPF
SCHIFF
BIERHAUS
Radeberger
PILSNER

Wohin gehen wir essen?

Für jeden Geschmack etwas: sächsische Spezialitäten oder internationale Küche

Schon immer gab es zwischen den beiden Sachsenhauptstädten Leipzig und Dresden Rivalitäten, nicht zuletzt, wenn es um kulturelle Vergleiche ging, um Lebensart und Umgangsformen und natürlich auch um Küche und Keller. In Leipzig sei alles für eilige Leute ausgelegt, in Dresden für Menschen mit Muße, meinen die Dresdner. Ohne die Unterschiede ernsthaft analysieren zu wollen – in den vergangenen Jahrzehnten wurden sie ohnehin nivelliert –, ist jedoch allgemein zu bestätigen: Die Dresdner speisen und trinken gern und gut in gepflegter Umgebung, sie sind wählerisch und ließen sich auch in Zeiten des Mangels nie ihren guten Geschmack austreiben. Cafés und Restaurants sind für sie Stätten der Kultur. Hier treffen sich genußfähige Menschen, die nicht nur gutes Essen, sondern auch gute Gespräche schätzen.

Sightseeing macht hungrig und durstig. Dagegen läßt sich etwas tun, in kleinen Pinten oder feinen Restaurants

Auch außerhalb der touristischen Saison sind die Restaurants stark frequentiert. Wenn eine Dresdner Familie essen geht, waltet Konsequenz. Da gibt es keine lockere Selbstverständlichkeit wie in Paris. Mit angeborenem Augenmaß wird zwischen Preis und Leistung abgewogen, allzu Phantasievolles hinterfragt. Ein mißlungenes Essen empfindet der Gast als persönliche Beleidigung, die ihn noch lange bewegt. Möglicherweise hat solches Verhalten etwas Provinzielles, aber genau diese Mischung von Provinz und Residenz charakterisiert die Dresdner Küche.

Die vielen Künstler und Handwerker, die August der Starke aus Frankreich und Italien holte, nahmen Einfluß auf die Lebensweise in der Stadt, nicht zuletzt auf die Gastronomie. Dazu kamen die herzhaften traditionellen Gerichte aus der sächsischen Provinz. Kartoffelstückchen, mit herben Äpfeln gekocht, süßsauer abgeschmeckt und mit goldbraunen Speckwürfeln übergossen, das steht auch auf der Speisekarte eines Vier-Sterne-Restaurants. Unbedingt

MARCO POLO TIPS FÜR RESTAURANTS UND CAFÉS

1 **Kügelgenhaus**
Barockes Ambiente (Seite 50)

2 **Vis-à-vis**
Zauberhafter Blick und frische Luft (Seite 49)

3 **Gasthaus zur Eule**
Das älteste in Sachsen (Seite 50)

4 **Pfundts Café und Restaurant**
Sächsische Spezialitäten über dem schönsten Milchladen der Welt (Seite 51)

5 **Italienisches Dörfchen**
An historischer Stelle von gutbürgerlich bis exklusiv (Seite 50)

probieren sollte man den üppigen Kartoffelsalat, Gänsebraten mit Klößen und Schlachtplatten. All das ist leider sehr kalorienreich, aber köstlich! Und nicht zu vergessen: Quarkkeulchen, warm serviert. Dazu wird das gute Radeberger Bier getrunken oder Meißner Wein. Er wächst auf den Elbhöhen zwischen Meißen und Pillnitz und ist wegen seiner trockenen Würze neuerdings in Mode gekommen. Sächsische Spezialitäten schmecken am besten in den kleinen bürgerlichen Restaurants, vor allem auch in Dresdens Umgebung. Es lohnt sich also, einen Ausflug damit zu verbinden, essen zu gehen.

Wer eine gepflegte internationale Küche bevorzugt, sollte nur Restaurants der höheren Preisklasse wählen.

Zwischen Kaffee und Cafés ist zu unterscheiden. Die Dresdner sind Meister im sparsamen Verbrauch von Kaffeebohnen. Selbstironisch nennen sie ihn »Bliemchen-Briehe« – nach den Blümchen am Tassenboden genannt, die man mühelos auch bei einer gefüllten Tasse erkennen kann. In diese »Briehe« werden Brötchen und Kuchen »eingeditscht«. Aber das gilt nur fürs Private. Von dem Kaffee im Café verlangt man mehr. Auch was das Drumherum anlangt. Die Dresdner Cafés hatten immer ihr besonderes Flair, nicht zuletzt wegen ihres Publikums. Künstler, Studenten und die alten Damen mit Handschuhen und Hut, die auf unvergleichlich anmutige Art die Tasse zum Munde führen, sind immer noch da, sind wieder da.

Junge Leute treffen sich neuerdings gern in den Szenecafés, die sich von denen in Berlin oder Frankfurt kaum unterscheiden, auch wenn Dresden auf diesem Gebiet noch allerlei Nachholbedarf hat. Die meisten sind in der Neustadt etabliert.

Abgesehen von Publikum und Ambiente: Kuchen und Gebäck sind überall gut. Krönung jedoch ist der Dresdner Stollen. Nur hier wird er so gebacken, wie man ihn erwartet: schwer, herb, würzig und ohne Zusatzstoffe.

Beim Bummel durch die Stadt sind im Sommer überall Boulevardcafés zu sehen. Früher war es ein zentral geplantes Unternehmen, Stühle und Tische ins Freie zu stellen, jetzt nutzen viele Kaffeehaus-Besitzer jeden Sonnenstrahl und jeden Meter vor der Tür, um den Gästen Open-air-Service zu bieten.

CAFÉS

Café Pöppelmann **(I 2)**
Im *Hotel Bellevue*. Sehr gutes Gebäck, Kaffeehausmusik. *Gr. Meißner Straße 15, Tel. 812 00, Sa, So 13–18 Uhr, Straßenbahn 4, 5*

Café Sphinx **(I 4)**
In der warmen Jahreszeit wird auch vor dem Haus serviert. *Altmarkt 16/17, Tel. 495 11 79, tgl. 8–18.30 Uhr, Straßenbahn 1, 2, 4*

Café Pöppelmann

Eiscafé Venezia **(I 2)**
Am Beginn der Hauptstraße in der Neustadt mit Blick auf den *Goldenen Reiter*. Leider anheimelnd wie eine Bahnhofsgaststätte, aber dafür sind Eis, Kuchen und Espresso ausgezeichnet. *Hauptstr. 2 a, Tel. 554 58, Mo–Sa 9–23 Uhr, So 10–23 Uhr, sommers bis 24 Uhr, Straßenbahn 4, 5*

Vis-à-vis **(I 3)**
★ Auf der Brühlschen Terrasse, Open-air-Service, zu dem auch ein zauberhafter Blick auf das Elbufer gehört. *Tel. 484 10, tgl. 11–19 Uhr, Straßenbahn 1, 2, 4, 8, 12, 14, 51, Bus 74*

RESTAURANTS

Kategorie 1: Menü über 50 Mark
Kategorie 2: Menü 30–50 Mark
Kategorie 3: Menü unter 30 Mark
(ohne alkoholische Getränke)

Bella Donna **(I 4)**
Jede Menge Pasta beim echten Italiener. *Altmarkt 16, Tel. 495 11 35, tgl. 11.30–24 Uhr, Straßenbahn 1–5, 7, 8, 12, 14, 51, Bus 75, Kategorie 3*

Bierhaus »Dampfschiff« **(I 3)**
»Essen wie bei Muttern« wird hier versprochen. *Terrassengasse, Tel 484 17 49, tgl. 12–24 Uhr, So 11–15 Uhr Jazzbrunch, Straßenbahn 1–5, 7, 8, 12, 14, 51, Bus 75, Kategorie 2*

Café zur Frauenkirche **(I 3)**
★ Deftige Speisen und sächsische Spezialitäten. *Neumarkt, Tel. 494 18 32, tgl. 11–1 Uhr, Straßenbahn 1–5, 7, 8, 12, 14, 51, Kategorie 3*

Canaletto **(I 2)**
Eins der vier Restaurants im Hotel *Bellevue*. Der Name irritiert. Denn Spezialität ist nicht italienische, sondern französische Küche. Man schaut in einen schönen Innenhof. Den berühmten Canaletto-Blick findet man allerdings nicht hier, sondern wenige Schritte weiter im Restaurant *Palais. Große Meißner Straße 15, Tel. 566 26 48, Di–Sa 18–23 Uhr, Kategorie 1*

Chemnitzer Marktstübchen **(K 2)**
Typische Speisen aus dem Erzgebirge, im Sommer wird auch auf der Terrasse unter Bäumen serviert. *Hauptstraße 11, Di–Sa 17 bis 24 Uhr; ab 18 Uhr auch im historischen Bierkeller, Straßenbahn 3, 5, 7, 8, 11, 51, Kategorie 3*

Chiaveri **(H 2)**
In dem neuen Sächsischen Landtag mit Blick auf Hofkirche und Augustusbrücke. Der römische Architekt Gaetano Chiaveri hatte 1738 die Hofkirche projektiert. Deshalb gibt's hier neben sächsischen auch italienische Spezialitäten. *Holländische Straße 2, Tel. 4935860, tgl. 11–24 Uhr, Straßenbahn 1, 2, 4, 8, 12, 14, 51, Bus 74, Kategorie 2*

Gasthaus zur Eule **(O)**
★ Seit 1378 ißt und trinkt man in der wohl ältesten Gaststätte Sachsens. Das Fachwerkhaus mit Garten ist rustikal eingerichtet. Natürlich wird hier traditionelle sächsische Küche serviert. *Grundstr. 100, Tel. 374640, tgl. 10–24 Uhr, Bus 61, 84, 93, Kategorie 2*

Italienisches Dörfchen **(H 13)**
★ Wo einst die beim Bau der Hofkirche tätigen italienischen Arbeiter wohnten, entstand 1912 diese Gaststätte. Heute gibt es hier fünf renovierte Restaurants zwischen gutbürgerlich und exklusiv sowie ein Café. *Theaterplatz 3, Tel. 498160, tgl. 12–24 Uhr, das Café öffnet schon um 10 Uhr, Straßenbahn 1, 2, 4, 8, 12, 14, 51, Bus 74, Kategorie 2 und 3*

Körnergarten **(O)**
Nahe dem Blauen Wunder mit schönem Blick aufs Elbufer. Gut geführtes bürgerliches Restaurant mit sächsischen Spezialitäten. *Friedrich-Wieck-Straße 26, Tel. 36620, tgl. 11–23 Uhr, Straßenbahn 1, 6, Bus 84, 85, 93, Kategorie 2*

Kügelgenhaus **(I 2)**
★ In der derzeit schönsten Straße Dresdens, im liebevoll rekonstruierten barocken Wohnhaus der Künstlerfamilie Kügelgen, gibt es neben dem Museum zur Dresdner Frühromantik ein gutbürgerliches Restaurant. Die sächsischen Gerichte sind vorzüglich,

Wenn es auch nicht so aussieht – auch das ist die Altstadt

das Ambiente gemütlich. Bei schönem Wetter wird auch im Garten serviert. *Hauptstraße 12, Tel. 52791, tgl. 18–1 Uhr, Straßenbahn 3, 5, 7, 8, 11, 51, Kategorie 2*

Markthalle **(G 3)**
Sächsische Küche am angeblich höchsten Tresen Deutschlands. *Weißeritzstraße/Ecke Jahnstraße, Tel. 495 51 67, Mo–Sa rund um die Uhr geöffnet, Straßenbahn 2, 8, 9, 12, 14, 51, Kategorie 2*

Meißner Weinkeller **(I 2)**
Was man von außen nicht sieht: Im alten Gewölbe sitzt es sich sehr gemütlich bei einem guten Meißner Wein. *Hauptstraße 1 b, Tel. 558 14, tgl. 18–24 Uhr, Straßenbahn 4, 5, Kategorie 2*

Pfundts Café und Restaurant **(O)**
★ Direkt über dem unbedingt sehenswerten »schönsten Milchladen der Welt«. Deshalb werden neben sächsischen Spezialitäten auch zahlreiche Milchspeisen angeboten. *Bautznerstr. 79, Tel. 808 08 22, Mo–Do 9–23 Uhr, Fr bis So 9–1 Uhr, Straßenbahn 11, 51, Kategorie 3*

Ratskeller **(I 4)**
Am Eingang sitzt Dionysos auf einem betrunkenen Esel. Wer den großen Zeh des Weingottes reibt, ist vor Trunkenheit sicher. Besser ist es, eine trinkfeste Unterlage zu wählen, zum Beispiel eine Schlachtplatte oder Schweinebraten mit Klößen. Meißner Weine werden ausgeschenkt und auch das berühmte Bier aus dem nahen Radeberg. *Im Rathaus, Dr.-Külz-Ring 19, Tel. 488 29 50, tgl. 11–24 Uhr, Straßenbahn 1–5, 7, 8, 12, 14, 51, Bus 75, Kategorie 2*

Der Café-Saal des Italienischen Dörfchens

Rossini **(I 3)**
Pizza und Pasta sind in diesem Restaurant des »Dresden Hilton« vom Feinsten. Die Karte ist erlesen, und es gibt italienische Spitzenweine. *Neumarkt, Tel. 484 17 41, tgl. 11.30–15 und 18 bis 24 Uhr, Straßenbahn 1–5, 7, 8, 12, 14, 51, Bus 75, Kategorie 1*

Sächsischer Hof **(O)**
Sehr gutes Angebot an sächsischen Spezialitäten. *Kyawstr. 2 (gegenüber von Pillnitz), Tel. 223 76 78, Di–Do 11–22 Uhr, Fr und Sa bis 24 Uhr, Mo ab 17 Uhr, Straßenbahn 9, 14, Kategorie 3*

Schöne Aussicht **(O)**
Hoch über der Elbe nicht weit von der Schwebebahn in Oberloschwitz gibt es sächsische Spezialitäten. *Krügerstr. 1, Tel. 363 05, tgl. 12–24 Uhr, Bus 85 und anschließend Schwebebahn oder Bus 84, Kategorie 2*

Shopping mit Pfiff

Achten Sie auf sächsische Spezialitäten, denn die einheimischen Produkte sind meistens gut

Vor dem Krieg war die Prager Straße ein berühmter Einkaufsboulevard. Die nach dem Krieg hier eingezogenen HO-Geschäfte wurden inzwischen von großen Kaufhausketten übernommen. Bekannte Namen also und bundesweites Einheitsangebot. In Zentrum und Neustadt aber wurden kleine Boutiquen eröffnet, in denen man Originelles findet. Empfehlenswert sind sächsische Spezialitäten: Wein von den Elbhängen, Dresdner Stollen und anderes Gebäck, denn im Kuchenbacken sind die Dresdner Bäcker noch immer Meister. Besonders schmackhaft sind die Fleisch- und Wurstwaren aus einheimischer Produktion. Beim Kauf abgepackter Ware ist es ratsam, darauf zu achten, daß sie auch wirklich aus Sachsen kommt. Aus den kleinen Läden, die sich leider oft trotz treuer Kundschaft kaum noch der Konkurrenz der großen Supermärkte erwehren können, schmeckt's am besten.

Fürs Einkaufen gilt das gleiche wie für den Stadtbesuch: soviel Kunst wie möglich konsumieren! Es werden gute Reproduktionen berühmter Bilder aus Dresdner Museen angeboten, dazu Kunstbände und -mappen in reicher Auswahl. Aber auch Originales: Die *Galerie Kühl* bietet Arbeiten junger Dresdner Künstler an *(Zittauer Straße 12, Tel. 555 88, Mo–Do 10–13 und 14–17 Uhr, So 14–17 Uhr)*. Sächsische Kunst des 20. Jhs. führt die Galerie am Blauen Wunder *(Pillnitzer Landstraße, Tel. 37020. Mi–Sa 14–18 Uhr)*. Zum Stöbern laden in Dresden zahlreiche Antiquitätengeschäfte und Antiquariate ein. Wer speziell DDR-Literatur sucht, sollte im *Dresdner Antiquariat (Bautzner Straße 11, Tel. 53970)* nachschauen.

Fragen Sie in den Spielzeugläden nach Drechselarbeiten aus dem Erzgebirge, vor allem nach den berühmten Spanschachteln, gefüllt mit einem ganzen Zoo winziger Holztierchen. Eine sehr reichhaltige Auswahl an erzgebirgischen Schnitzereien findet man im Laden *Kunstgewerbe Etzold, Hauptstraße 19.* Blaudruck und Pulsnitzer Keramik führt die *Werkkunststube (Wallstraße, direkt am Postplatz)*. In *Jacobs Fundgrube, Trachenberger Straße 54*, gibt es auch Zinnarbeiten aus Freiberg; vor Weihnachten werden hier sogar bis zu 150 verschiedene Räuchermännchen bereitgehalten.

Antiquitätengeschäft mit vielversprechender Fassade

Traumhaft schlafen

Wer es sich leisten kann, wohnt im Bellevue oder Dresden Hilton. Aber auch kleine Pensionen haben Charme

Wie überall in der ehemaligen DDR war auch in Dresden das Hotelgewerbe unterentwickelt. Zwei neue Fünf-Sterne-Herbergen wurden eigens für reiche Devisenkunden gebaut, die einheimischen Touristen hatten es schwer, überhaupt eine Bleibe zu finden. Doch mittlerweile sind mehrere neue Nobelherbergen entstanden, auch wurden viele Hotels und Pensionen wieder in Schwung gebracht. Inzwischen ist der Zeitpunkt abzusehen, zu dem endlich alle Dresden-Besucher untergebracht werden können und zu dem man nun auch individuellen Zimmerwünschen gerecht werden kann. Wer es sich leisten kann, sollte im »Bellevue« oder im »Dresden Hilton« Quartier nehmen. Die Preise sind zwar hoch, aber es wird auch der einem Fünf-Sterne-Haus entsprechende Komfort geboten. Das »Maritim-Hotel Bellevue« auf der rechten Elbseite ist eine richtige Residenz. 1985, am gleichen Tag wie die Semperoper, öffnete es seine Pforten. Dem langgestreckten Bau in maßvoller Höhe wurde ein Barockpalais eingegliedert, von Pöppelmann gebaut. Mit seinem reichen Fassadenschmuck war es das einzige Haus weit und breit, das nach der Bombennacht stehenblieb. Beinahe wäre es dann doch noch gesprengt worden, weil es den ursprünglichen Plänen für ein Hotelhochhaus im Wege stand. Eine Bürgerinitiative verhinderte das. Ein neues Projekt schloß den Barockbau in die Konzeption ein. Wer darin logiert, hat von seinem Fenster aus den berühmten Canalettoblick über die Elbe auf die Dresdner Altstadt.

Im originalgetreu wieder erbauten Taschenbergpalais, das August der Starke um 1705 für die Gräfin Cosel bauen ließ, befindet sich das »Grand Hotel Kempinski« mit 213 großzügigen Zimmern – das teuerste Haus am Platze, aber die Lage hat eben ihren Preis.

Ganz in der Nähe, am Neumarkt, zwischen den Bauwerken, derentwegen so viele Reisende nach Dresden kommen, steht das »Dresden Hilton«, 1990 eröffnet, postmodern, aber zum Glück so zurückhaltend konzipiert, daß es das barocke Dresden drumherum nicht stört. Zum Hotelbetrieb gehören zehn Gaststätten.

Historischer Innenhof des Grand Hotel Kempinski

Es gibt zahlreiche Mittelklassehotels sowie Pensionen und Fremdenzimmer, die allerdings nicht jedermanns Sache sind. Manche davon haben WC und Bad noch auf dem Flur. Reizvolle Angebote auf den Wachwitzer und Loschwitzer Höhen und am Weißen Hirsch. *Zimmervermittlung über Tourist-Information, Prager Str. 10, 01069 Dresden, Tel. 495 50 25, Fax 495 12 75)*

Wir haben die Hotels – ungeachtet ihrer Sternzahl – in drei Kategorien eingeteilt:
Kategorie A: Hotels für höhere Ansprüche mit Preisen ab 200 Mark pro Nacht und Person
Kategorie B: Hotels mittlerer Preisklasse mit Preisen zwischen 100 und 200 Mark pro Nacht und Person
Kategorie C: Hotels und Pensionen mit Preisen zwischen 40 und 100 Mark pro Nacht und Person

HOTELS PREISGRUPPE A

(über 200 Mark pro Nacht und Person)

art'otel **(H 2)**
Der Name verweist auf Kunst: Das neue Haus wurde vom Mailänder Designer Santachiara durchgestylt. In Zimmern und Fluren hängen 690 Originale des Malers A. R. Penck. Bei den Dresdnern nicht unumstritten: Die Penck-Skulptur »Standart T(x)« auf dem Dach. Restaurant »Factory«. *174 Zimmer, Ostra-Allee, 01067 Dresden, Tel. 492 20, Fax 492 27 77, Straßenbahn 8, 9, 51, Bus 74*

Dresden Hilton **(I 3)**
In unmittelbarer Nachbarschaft von Zwinger, Schloß und Semperoper. Sogar die Brühlsche Terrasse wurde einbezogen. Internationale Spitzenklasse. *333 Zi. An der Frauenkirche 5, 01067 Dresden, Tel. 484 10, Fax 484 17 00, Straßenbahn 1, 2, 4, 8, 12, 14, 51, Bus 74*

Grand Hotel Kempinski **(I 3)**
★ First Class hinter historisch originalgetreuer Fassade inmit-

Fenster mit Canaletto-Blick: Elbseite des Maritim-Hotels Bellevue

MARCO POLO TIPS FÜR HOTELS

1 **Maritim-Hotel Bellevue**
Fünf-Sterne-Herberge mit Canaletto-Blick (Seite 57)

2 **Grand Hotel Kempinski**
Hier nächtigte schon die Gräfin Cosel (Seite 56)

3 **Hotelschiffe**
Originell und komfortabel (Seite 57)

4 **Schloß Eckberg**
Mit Elbblick und gutem Standard (Seite 58)

ten aller wichtigen Sehenswürdigkeiten. Mit allem, was man in einer Luxusherberge erwartet. *188 Zi., 25 Suiten. Am Taschenberg, 01067 Dresden, Tel. 478580, Fax 4785860, Straßenbahn 3, 4, 5, 7, 8*

Maritim-Hotel Bellevue **(I 2)**
★ Nahe dem Goldenen Reiter auf der Neustädter Seite, ruhig trotz zentraler Lage, 312 Zimmer und Apartments. First-class-Hotel, zwei Terrassen, sechs Salons, vier Restaurants, Nachtbar. *Große Meißner Straße 15, 01097 Dresden, Tel. 81200, Fax 8120 0609, Straßenbahn 4, 5*

Villa Emma **(O)**
In der renovierten Jugendstilvilla wird die Tradition des Parkhotels auf dem Weißen Hirsch wieder aufgenommen. *21 Zi. Stechgrundstr. 2, 01324 Dresden, Tel. 374810, Fax 3748118, Straßenbahn 11, 51*

HOTELS PREISGRUPPE B

(ab 100 Mark pro Nacht und Person)

Bastei, Königstein, Lilienstein **(I 5)**
Sie stehen nur ein paar Schritte vom Hauptbahnhof entfernt – drei Bettenhäuser in Plattenbauweise, im Inneren schön renoviert. Jeweils *306 Zi. Prager Straße, 01069 Dresden, Tel. 48560, Fax Bastei 4954074, Königstein 4954054, Lilienstein 4952506, Straßenbahn 3, 7, 8, 9, 10, 26*

Hotel Hospiz Martha **(I 1)**
Familiär geführtes Haus in der Neustadt dicht beim Fußgängerboulevard Hauptstraße. 36 Zimmer mit Dusche und WC, ein rollstuhlfahrergerechtes Zimmer. Im Keller befindet sich das rustikale Restaurant »Kartoffelkeller« (18 bis 24 Uhr). *Nieritzstraße 11, 01097 Dresden, Tel. 56760, Fax 53218, Straßenbahn 3, 5, 1, 8, 11, 51*

Hotelschiffe **(H–K 3)**
★ »Florentina« und »Elbresidenz« heißen die Dresdner Hotelschiffe am Terrassenufer der Elbe – ein originelles und recht komfortables Quartier. *Terrassenufer. Florentina (63 Zimmer), Tel. 4590169, Fax 4595036, Elbresidenz (97 Zimmer), Tel. 4595003, Fax 4595137, Straßenbahn 1–5, 7, 8, 12, 14, 51, Bus 75*

Mercure Newa **(I 5)**
Gleich am Hauptbahnhof ein modernes Cityhotel. Zwar unterscheidet es sich äußerlich nur

wenig von den Bettenhäusern in der Prager Straße, bietet jedoch mehr Komfort. 313 Zimmer, drei Restaurants, Nachtbar, Parkhaus. *St. Petersburger Str. 34, 01069 Dresden, Tel. 481 41 09, Fax 495 51 37, Straßenbahn 3, 7, 9, 10, 26*

Pappritzer Hof **(O)**
Ein Landgasthof auf den Höhen unmittelbar am Fernsehturm. *53 Zi. Wachwitzer Höhenweg 1–3, 01474 Pappritz, Tel. 460 62 70, Fax 460 62 74, Bus 93*

Schloß Eckberg **(K–L 1)**
★ ☀ Auf der rechten Elbseite, landschaftlich schön gelegen, guter Standard, 83 Zimmer, Restaurant. *Bautzner Straße 134, 01099 Dresden, Tel. 525 71, Fax 553 79, Straßenbahn 11, 51*

Waldparkhotel **(O)**
In Dresdens Villengegend, 36 Zimmer mit Dusche, aber ohne WC, im Preis am unteren Ende dieser Kategorie. *Prellerstraße 16, 01309 Dresden, Tel. 344 41, Fax 301 84, Straßenbahn 11, 51*

HOTELS PREISGRUPPE C

(zwischen 40 und 100 Mark pro Nacht und Person)

Hotel-Kongress-Businesscenter **(G 4)**
360 Zimmer für nicht so anspruchsvolle Gäste. Preise ab 70 Mark. *Maternistr. 17, 01067 Dresden, Tel. 484 52 04, Fax 484 52 02, Straßenbahn 7, 8*

Motel Ascot Am Wiesenrand **(O)**
Hier, an der Ausfallstraße nach Bad Schandau, kann man den Wagen stehenlassen und ungestreßt mit Bus oder Tram in die Stadt fahren. *10 Zi. Am Wiesenrand 5, 01259 Dresden, Tel. 202 38 48, Fax 202 38 47, Straßenbahn 6, 12, Bus 73, 96*

Pension Omsewitz **(O)**
Für den kleinen Geldbeutel, aber die 17 Zimmer haben Bad und WC. *Gompitzer Straße 24, 01157 Dresden, Tel. 43 46 50, Fax 43 49 68, Bus 79, 80*

Robotron City-Herberge **(K 4)**
In Büros des einstigen DDR-Kombinats befinden sich zwar die (neuen) Sanitärräume auf dem Flur, aber ansonsten akzeptabler Standard. *61 Zi. Lingnerallee 3, 01069 Dresden, Tel. 484 99 00, Fax 485 99 01, Straßenbahn 1–5, 7, 8, 12, 14, 51, Bus 75*

Jugendherbergen
Es gibt zwei Jugendherbergen in Dresden. Der Bettenpreis beträgt pro Nacht inkl. Frühstück 19,50 bzw. 18,50 Mark für Junioren bis 26 Jahre, 23 bzw. 22,50 Mark für Senioren, zuzüglich Gebühr für Bettwäsche.
– **(H 6)** *Hübnerstraße 11, 01069 Dresden, Tel. 471 06 67, 75 Betten, Straßenbahn 3, 5*
– **(O)** *Sierksstraße 33, 01326 Dresden, Tel. 366 72, Stadtteil Loschwitz, nahe dem Blauen Wunder, 51 Betten, Straßenbahn 1, 6, Bus 85*

Campingplätze **(O)**
Campinghütten gibt es im Stadtteil Mockritz, direkt neben dem Freibad, sowie Stellplätze für Wohnmobile, Hunde dürfen nicht mitgenommen werden. *Boderitzer Straße 8, 01217 Dresden, Tel. 471 52 50, Bus 76.* Nur vom 1. 4. bis 31. 10.: *Trieskestr. 100, 01259 Dresden, Tel. 223 19 03, Bus 73*

Dresdner Kalender

Alte und neue Musik, Striezelmarkt und Vogelwiese: Auch hier geht es um künstlerische und leibliche Genüsse

Das Dresdner Veranstaltungsprogramm ist nicht gerade üppig, aber das, was es bietet, lohnt das Dabeisein. Die meisten Festivitäten fallen in die schönste Jahreszeit.

Dixieland-Festival

★ Es findet seit 1971 alljährlich im Mai statt und ist die größte Veranstaltung dieser Art in Europa. Jazzfans nennen Dresden das sächsische New Orleans. Mit über 250 Oldtime-Bands aus aller Welt ist es ein einzigartiges Volksfest.
Zum Programm gehören Riverboat-Shuffles auf der Elbe, Platzkonzerte, Jazzband-Ball, Dixieland-Paraden durch die Stadt, Jam Sessions im Studentenclub, Dixie-Märkte.

Das Festival ist sehr beliebt. Rechtzeitige Anmeldung empfiehlt sich deshalb: *Sächsische Festival-Vereinigung e.V., Kulturpalast Dresden, Altmarkt, 01067 Dresden, Tel. 486 68*

In der Dresdner Kreuzkirche finden bedeutende Konzerte statt

Manche halten den Kulturpalast für einen kulturellen Fehltritt

Dresdner Musikfestspiele
Sie finden Ende Mai/Anfang Juni statt und sind meistens einem Komponisten gewidmet. Eine Woche lang musizieren internationale Orchester in allen Dresdner Theatern. Premieren und Uraufführungen gehören zum Programm.

Auskünfte, Kartenvorbestellungen über den Besucherdienst der Dresdner Musikfestspiele, Schinkel-Wache, Theaterplatz, Postfach 110, 01067 Dresden, Tel. 48420

Elbhangfest (O)
Die am Elbhang gelegenen Stadtteile Loschwitz, Wachwitz, Hosterwitz und Pillnitz feiern an zwei Tagen im Juni das Elbhangfest. Entlang der Pillnitzer Landstraße finden viele Veranstaltungen statt, Künstler und Handwerker verkaufen Dresdnerisches. *Straßenbahn 4*

Striezelmarkt (I 4)
★ So heißt seit 1434 der Dresdner Weihnachtsmarkt. Der Striezel ist die Vorform des Dresdner Stollens. Jeder Dresdner Bäcker hat dafür ein eigenes Rezept, und die Dresdner haben ihren speziellen Bäcker, auf dessen Stollen sie schwören. Bekannt wurde der Markt auch durch den berühmten Holzschnitt des Malers Ludwig Richter: Zwei Kinder, eng aneinandergeschmiegt, verkaufen Pflaumenmännlein. *Altmarkt, Straßenbahn 2, 4, 7, 8, 11, 12, 14, 17, 18*

Auch sie geben sich ein Stelldichein auf dem Striezelmarkt

Vogelwiese (L 4)
Auch das Volksfest Vogelwiese hat eine lange Tradition. Es findet im Juli statt und bietet eine große Auswahl an Dresdner Lekkereien, Karussells und andere Volksbelustigungen. Auch ein Kinderfest findet statt. *Straßburger Platz, 14–22 Uhr, Straßenbahn 10, 13*

MARCO POLO TIPS FÜR VERANSTALTUNGEN

1 Dixieland-Festival
Zur schönsten Jahreszeit, mit Riverboat-Shuffles auf der Elbe, Jazzbandball und Paraden beinahe wie in New Orleans (Seite 59)

2 Striezelmarkt
Der Dresdner Stollen ist weltbekannt, aber nirgends schmeckt er besser als auf dem Dresdner Weihnachtsmarkt (Seite 61)

Am Abend gehen wir aus

Immer lohnend ist ein Theaterbesuch, die Nachtbars sind eher provinziell

Um falschen Vorstellungen gleich vorzubeugen: In Dresden sind die Nächte längst nicht so lang wie in Hamburg oder Paris. Hier gibt es kein St. Pauli und kein Montmartre. Natürlich sind ein paar Nachtbars da und die üblichen Diskotheken, neuerdings sogar Erotikshows; aber typisch dresdnerisch ist das alles nicht.

Gut beraten ist, wer Dresden als das nimmt, was es auch am Tage ist – eine Stadt mit vorzüglichem Kulturangebot. Unbedingt empfehlenswert ist ein Besuch der Semperoper. Er verschafft doppelten Genuß: durch das musikalische Erlebnis und weil die Ausstattung des Hauses von einzigartiger Schönheit ist. Auch Schauspielhaus und Operettentheater haben einen guten Ruf. Viele kleine Alternativtheater bieten Experimentelles an. Und: Unvergeßlich ist ein Serenadenabend im Zwingerhof, natürlich nur im Sommer, bei schönem Wetter.

Die festlich beleuchtete Semperoper lädt ein zum Ohrenschmaus

BARS UND NACHTCLUBS

Café Prag – Luxor Palace (I 4)
Nachtcafé mit Show und Musik, hin und wieder am Wochenende auch ein »Familiennachmittag«. Spaß zu zivilen Preisen. *Altmarkt, Tel 495 50 95, Di–Do 19–2 Uhr, Fr und Sa 19–4 Uhr, Straßenbahn 1–5, 7, 8, 12, 14, 51, Bus 75*

Haus Altmarkt (I 4)
Haus Altmarkt bietet mehrere gastronomische Einrichtungen, neben dem *Altmarktkeller* und dem *Galeriecafé* auch die *Tanzgaststätte Amadeus. Wilsdruffer Straße 19, Tel 495 12 12, Di–Do 21–3 Uhr, Fr–So 20–3 Uhr, Straßenbahn 1–5, 7, 8, 12, 14, 51, Bus 75*

Hollywood Diskothek (O)
Mit 800 Plätzen nicht gerade intim, dafür aber mit Vergangenheit: in der ehemaligen Dresdner Staatssicherheits-Zentrale. *Bautzener Straße 118, Tel. 502 24 51, Straßenbahn 11, 51*

Moulin Rouge (O)
Nightclub mit Spielkasino. *Gostritzer Str. 30, Tel. 471 75 33, tgl. 20–5 Uhr, Bus 72, 76*

Im Zwingerhof finden sommers Serenadenabende statt

Spielbank Casino Dresden **(I 2)**
Im Maritim Hotel Bellevue. *Große Meißner Straße 15, Tel. 56 62 27 37, tgl. ab 19 Uhr*

CLUBS UND SZENELOKALE

Die Absicht, originell zu sein, ist erkennbar, nicht immer ist allerdings die Verwirklichung gelungen. Auf jeden Fall trifft man auf interessantes Publikum.

Café Donnersberg **(I 2)**
Benannt nach dem gleichnamigen Gasthof in Frankfurt am Main, in dem sich 1848 eine demokratische Fraktion der deutschen Nationalversammlung zu treffen pflegte. In diesem Geist laden die Betreiber zwei- bis viermal im Monat Schriftsteller und Literaturwissenschaftler zu Lesungen und Vorträgen ein. *Rähnitzgasse 7, Tel. 502 29 11, Di bis Sa 12–23 Uhr, So 13–19 Uhr, Straßenbahn 4, 5*

Elypso **(O)**
Junges Publikum, mexikanische Küche, im romantischen Keller Live-Programme von Samba bis Salsa. *Gutschmidstr. 7, Tel. 441 02 58, Mo–Do 18–2 Uhr, Fr und Sa 18–5 Uhr, So 10–2 Uhr, Straßenbahn 13*

Linie 6 **(O)**
Ein Lokal mit eigenwilligem Interieur: Man sitzt in den Requisiten alter Dresdner Straßenbahnen und wird vom Wirt in Schaffneruniform bedient *(tgl. 18–24 Uhr)*. Eine Nachtbar ist als U-Bahnhof und eine als Tankstelle dekoriert *(Di–Sa 21–4 Uhr)*. Mehrmals wöchentlich Programm, auch durchaus anspruchsvolles. Vorbestellung ist zu empfehlen. *Schaufußstraße 24, Tel. 302 68, Straßenbahn 4, 10*

Planwirtschaft **(K–L 1)**
★ Nomen est omen: Über der Theke hängen die Konterfeis

von Ulbricht, Pieck und Honekker mit Trauerflor geschmückt. *Louisenstraße 20, im Hinterhaus, Tel. 57 05 18, tgl. 16–2 Uhr, Straßenbahn 7, 8, 10, 13*

Riesa efau **(G 3)**
Normaler Kneipenbetrieb, aber mehrmals wöchentlich Liedermacher und Rock live. Adlergasse 14, *Tel. 494 25 57, tgl. 18–2 Uhr, Straßenbahn 1, 8, 9, 26*

Studentenclub Bärenzwinger **(I 3)**
Täglich Programm, oft mit Disko. *Brühlscher Garten, Tel. 496 51 53, tgl. ab 21 Uhr, So ab 19 Uhr, Straßenbahn 1–5, 7, 8*

DISKOTHEKEN

Musikzirkus Sachsen **(G 1)**
★ 🚸 Dresdens größte Disko für 3000 Gäste im Zirkuszelt. *Pieschner Allee 1, Tel. 494 25 63, tgl. 19 bis 24 Uhr, Bus 74*

Sachs Music Hall **(O)**
1500 Plätze und großer Biergarten. *Stephensonstraße 6, Tel. 223 87 42, Do 21–4 Uhr, Fr 21–3 Uhr, Sa 21–5 Uhr, So 15–24 Uhr, Straßenbahn 6, 12*

Zum Obstgarten **(O)**
Diskothek für die mittleren Jahrgänge. *Nickerner Weg 8, Tel. 271 62 94, tgl. 11–24 Uhr, Tischreservierung wird empfohlen, Bus 76, 25*

JAZZ

Tonne **(K–L 3)**
★ In der Tonne, den Kellerräumen der Ruine des Kurländer Palais, treffen sich die Jazzfans. An jedem Wochenende und manchmal auch zwischendurch Live-Musik aller Jazz-Spielarten. Beginn meist 21 Uhr. *Tzschirnerplatz 3, Tel. 495 13 54, Straßenbahn 1–5, 7, 8, 12, 14, 51, Bus 75*

KABARETT

Herkuleskeule **(G 4)**
★ Politisch-satirisches Kabarett, das vor der Wende immer mal verboten und deshalb besonders interessant war. *Sternplatz 1, Tel. 495 14 46, Straßenbahn 7, 10*

Theaterkahn – Dresdner Brettl **(I 3)**
Das »Theater für Cabaret, Musik und Literatur« spielt auf der »Marion«, einem 1912 gebauten

MARCO POLO TIPS FÜR DEN ABEND

1 **Semperoper**
Ein unvergeßlicher Opernabend (Seite 66)

2 **Planwirtschaft**
Originelle Szenekneipe (Seite 64)

3 **Musikzirkus Sachsen**
Großdiskothek für junge und junggebliebene Leute (Seite 65)

4 **Herkuleskeule**
Politisch-satirisches Kabarett (Seite 65)

5 **Serenadenabend**
Im Zwinger, aber nur im Sommer, bei schönem Wetter (Seite 66)

6 **Tonne**
Jazzkeller im Kurländer-Palais (Seite 65)

Elbschiff. Ein »Hausautor« ist der Dresdner Erich Kästner. *Terrassenufer, an der Augustusbrücke, Telefon 496 94 50, Straßenbahn 1, 2, 4, 7, 12, 14, 51, Bus 74*

KINO

Schauburg **(O)**
Drei Kinos, davon zwei mit Anspruchsvollerem. *Königsbrücker Straße 55, Tel. 57 08 35, Straßenbahn 7, 8*

Ufa Palast **(I 5)**
Sieben Kinos im Rundbau. *Prager Straße, Tel. 495 20 25, Straßenbahn 1–5, 7, 8, 12, 14, 51, Bus 75*

KONZERT

Die Musikpflege hat in Dresden eine lange Tradition. Über 450 Jahre besteht die Dresdner Staatskapelle, der weltberühmte Kreuzchor sogar schon seit dem 13. Jh. In Dresden lebten, musizierten und komponierten Johann Sebastian Bach, Friedrich Händel, Richard Wagner, Carl Maria von Weber und Heinrich Schütz. Spielstätten der Staatskapelle und der Philharmonie sind Semperoper und Kulturpalast. Das *Zentrum für zeitgenössische Musik* hat Werke der Komponisten unseres Jahrhunderts im Programm. ★ Ein einzigartiges Erlebnis im Sommer sind die *Serenadenabende* im Zwingerhof und im Pillnitzer Park.

Programm und Vorverkauf: *Tourist-Information oder Besucherdienst der Staatsoper, Schinkel-Wache, Tel. 484 23 23*

OPER UND BALLETT

Semperoper **(I 3)**
★ Seitdem die Dresdner Staatsoper wieder in den prachtvollen Semperbau eingezogen ist, hat

Die Semperoper, prunkvoll auch von innen

sie noch an Anziehungskraft gewonnen. Das bei dem Bombardement auf Dresden völlig zerstörte Bauwerk wurde neu aufgebaut und am 13. Februar 1985 – auf den Tag genau 40 Jahre nach seiner Zerstörung – wieder eröffnet. Die oft geäußerte Meinung, nicht die Oper, sondern ihr Haus sei die eigentliche Botschaft, ist jedoch ungerecht. Die Dresdner Oper verfügt über ein hervorragendes Ensemble, das Ballett hat eine große Tradition. Jede Aufführung ist ein musikalisches Ereignis, die Inszenierungen sind durchweg interessant. Eintrittspreise: 5–65 Mark. *Das Programm für die laufende Saison ist durch die Tourist-Information zu erfahren: Prager Straße 10, 01069 Dresden, Tel. 495 50 25, oder durch den Besucherdienst der Staatsoper, der auch schriftliche Kartenvorbestellungen entgegennimmt: PF 12 09 08, 01008 Dresden. Die Vorverkaufsstelle befindet sich in der Schinkel-Wache, Theaterplatz, Tel. 484 20, Straßenbahn 1, 2, 4, 8, 12, 14, 51, Bus 74*

THEATER

Puppentheater der Stadt Dresden **(H 1)**
Sehenswert für Kleine und Große. Akteure sind Hand- und Stabpuppen sowie Marionetten. *Leipziger Straße 220, Tel. 511 24, Straßenbahn 4, 5, 15*

Schauspielhaus
Seine Tradition reicht bis zu August dem Starken zurück. 1911 bis 13 in einer Mischung von Jugendstil und Neobarock als »bürgerliches Hoftheater« erbaut, 1945 zerstört. 1948 das erste wiederaufgebaute Theater Deutschlands. 1995 in der ursprünglichen Form wiederhergestellt. (**H 3**) *Ostra-Allee 1, Tel. 49 13 50, Straßenbahn 1, 2, 4, 8, 12, 14, 51, Bus 75*

Kleines Haus (**I 2**) *Glacisstraße 28, Tel. 526 31, Straßenbahn 3, 6, 11*

Staatsoperette **(O)**
Der Name klingt anspruchsvoll, das Theater versteht ihn auch so. Es will das Niveau bieten, für das die Oper den Maßstab setzt. *Pirnaer Landstraße 131, Tel. 22 38 73, Straßenbahn 9, 12, 14*

Theater der Jungen Generation **(O)**
Hier wird Gegenwartsdramatik gezeigt, und Klassiker in auf junges Publikum ausgerichteten Inszenierungen. *Meißner Landstraße 4, Tel. 421 45 67, Straßenbahn 1, 14, Bus 94*

Nicht jeden Tag spielen:

Kleine Szene **(O)**
Bautzner Straße 107, Tel. 484 23 23, Straßenbahn 11, 51

Podium **(I 2)**
Hauptstr. 11, Tel. 532 66, Straßenbahn 3, 4, 5

Theater 50 **(O)**
Maternistr. 17, Tel. 495 41 23, Straßenbahn 7, 10, 14

Theater in der Fabrik – TIF **(O)**
Tharandter Straße 33, Tel. 421 45 05, Straßenbahn 12, Bus 61, 93

Auskünfte über Spielpläne und Kartenvorbestellung: *Tourist-Information, Prager Str. 10, Tel. 495 50 25.* Vorverkauf: *Schinkel-Wache, Theaterplatz, Tel. 484 23 33, Straßenbahn 1, 2, 4, 8, 12, 14, 51, Bus 74*

Das Elbtal: Wälder, Weinberge, Felsen

Das Angebot zauberhafter Ziele ist groß, ein Ausflug lohnt sich immer

Wer Dresden besucht, sollte unbedingt auch einen Ausflug in die Umgebung einplanen. Mit Umgebung ist vor allem das Elbtal zwischen Schmilka und Meißen gemeint. Es ist so schön, daß sich auch ein längerer Aufenthalt lohnt. Sie erleben dort Wälder und Weinberge, schroffe Felsen und liebliche Täler, Schlösser wie aus dem Bilderbuch und Burgen, die jahrhundertelang als unbezwingbar galten.

Vor Ihnen waren schon berühmte Leute da, die in Worten und Farben schwärmten und schwelgten. Christian Andersen zum Beispiel, der Märchendichter, schrieb ein Buch darüber, und Caspar David Friedrich malte das eigenwillige Licht zwischen Himmel und Elbe. Mit dem Auto kommt man überall hin. Aber von Dresden fahren auch regelmäßig Eisenbahnzüge zu den gewünschten Zielen, teilweise Linienbusse; die Tourist-Information organisiert zudem Sonderfahrten, die den Vorteil haben, daß für Essen und Trinken und eine sachkundige Führung zu den interessanten Sehenswürdigkeiten gesorgt ist.

Wer Zeit hat, sollte sich unbedingt für eine Elbfahrt mit der Dampfschiffahrt entscheiden. Täglich fahren von der Anlegestelle Brühlsche Terrasse Schiffe der ältesten Raddampferflotte der Welt Richtung Meißen und Sächsische Schweiz.

Nicht nur Eisenbahnfans finden Spaß an den nostalgischen Schmalspurbahnen, die, gezogen von Dampflokomotiven, noch auf einigen Strecken verkehren, zum Beispiel zwischen Moritzburg und Radebeul und durch den zauberhaften Rabenauer Grund. Die Tourist-Information stellt auf Wunsch eine individuelle Fahrtroute zusammen mit Abfahrt- und Ankunftszeit und Umsteigemöglichkeiten. Auch die Fahrpläne der öffentlichen Verkehrsmittel und der Weißen Flotte liegen dort aus: (**15**) *Prager Straße 10, Tel. 491920, Fax 35247, März bis Okt. Mo–Fr 9–18.30 Uhr, Sa 9–17 Uhr, Nov.–Feb. Mo–Fr 9–18 Uhr, Sa 9–14 Uhr; Straßenbahn 3, 7, 8, 9, 10, 26*

Bastei mit Blick ins Elbtal

DIESBAR-SEUSSLITZ

(**O**) Kaum eine Autostunde von Dresden entfernt, gleich hinter Meißen, da, wo die Elbe einen engen Bogen schlägt, liegt Diesbar-Seußlitz. Zusammen mit den Weindörfern Niederschütz, Löbsal und Golk spricht man auch von der *Sächsischen Riviera* , was vielleicht ein bißchen hochgestapelt ist, aber das günstige Klima, die lieblich-romantische Landschaft und der gute Wein animieren zu solchem Vergleich. Auf dem fruchtbaren Lößboden der Südhänge wurden seit dem 12. Jh. Weine gezogen, auch die für die Elbaue seltenen Sorten Blauer Spätburgunder, Portugieser und St. Laurentius wachsen hier. Verkosten kann man sie an Ort und Stelle, mehrere Weinrestaurants bieten sie an.

Terrassenförmig, von Putten umsäumt, steigt ein zauberhafter Barockgarten das Elbufer hinauf zum Schloß. Vis-à-vis, auf einem ehemaligen Weinberg, steht im Stil eines Gartenhauses die Heinrichsburg. Hier reichte man früher den Gästen des Schlosses den Nachmittagstee. Oberhalb der Heinrichsburg beginnt ein schöner Wanderweg zum Burgwall und weiter nach Radewitz. Die Elbfähre zwischen Diesbar-Seußlitz und Niederlomatzsch erinnert an die mittelalterliche Salzstraße von Halle nach Böhmen, die hier in der nahen Furt die Elbe überquerte. Die *Rauhe Furt* nahe dem Göhrischfelsen war ein »schwarzer« Elbübergang, um den Zoll zu umgehen. *Von Dresden fährt Sa u. So um 9.30 Uhr ein Dampfer hierher (Fahrzeit 2,5 Std.). Man kann mit der Eisenbahn vom Dresdner Hauptbahnhof nach Meißen fahren und von dort mit dem Bus nach Diesbar-Seußlitz (ca. 1,5 Stunden)*

BESICHTIGUNGEN

Barockschloß Seußlitz
Erbaut 1726 nach den Plänen George Bährs, des Architekten der Dresdner Frauenkirche. Seit Jahren ist es ein Seniorenheim, kann deshalb nur von außen besichtigt werden. Umgeben wird das Schloß von einem Park im französischen Stil, ein Teil ist als englischer Garten angelegt. Die benachbarte Kirche entstand zur gleichen Zeit. Die Figuren auf der Balustrade stammen aus der Werkstatt Permosers.

Barockschloß Seußlitz

Burgberg Löbsal
Hier und auf dem Burgwall Goldkuppel befinden sich bronzezeitliche Befestigungsanlagen, die für Sachsen einmalig sind. Da sie zugewachsen sind, erkennt sie nur das kundige Auge, dafür entschädigt ein herrlicher Blick auf die Elbe.

RESTAURANTS

Jägerheim Löbsal
Im nahen Löbsal. Der Spaziergang dorthin lohnt sich wegen

MARCO POLO TIPS FÜR DRESDENS UMGEBUNG

1 **Pillnitz**
Das sächsische Versailles (Seite 80)

2 **Moritzburg**
Seefestung Augusts des Starken (Seite 78)

3 **Bastei**
Einzigartiger Aussichtspunkt (Seite 85)

4 **Groß-Sedlitz**
Schönster Barockgarten Sachsens (Seite 72)

5 **Radebeul**
Karl-May-Museum in »Villa Shatterhand« (Seite 82)

6 **Königstein**
Alte Festung mit herrlichem Ausblick (Seite 86)

7 **Meißen**
Erste europäische Porzellanmanufaktur (Seite 72)

der landschaftlichen Reize und weil das gemütliche Lokal Schmackhaftes zu bieten hat. *Tel. 035267/758, tgl. außer Mo 10–22 Uhr, Kategorie 3*

Lehmanns Seußlitzer Weinstuben
Nahe dem Anleger der Weißen Flotte, mit schattigem Kastaniengarten und rustikalem Ambiente. Der Wirt ist auch Winzer. Er schenkt seinen eigenen Wein aus. Im Mai/Juni herrliche Spargelgerichte. *Tel. 035267/236, außer Do tgl. ab 12 Uhr, Kategorie 2*

Gasthaus Zum Roß
Über der Rauhen Furt gelegen. Gute Küche, sächsische Spezialitäten. *Tel. 035267/254, tgl. außer Fr ab 10 Uhr, Kategorie 3*

VERANSTALTUNGEN

Himmelfahrtstag: *Heiratsmarkt.* Jeder kann jede für einen Tag heiraten. Volksfest mit vielen Belustigungen.

AUSKUNFT

Fremdenverkehrsamt
An der Weinstraße 29, 01612 Diesbar-Seußlitz, Tel. 035267/225

GRAUPA

(**C–D 3**) Für Wagnerfans ist der kleine Ort gleich hinter der südöstlichen Stadtgrenze Dresdens eine Art sächsisches Bayreuth. Hier steht nämlich das Lohengrinhaus, ein Gehöft, in das sich der Hofkapellmeister Richard Wagner 1846 eingemietet hatte, um an seiner Oper Lohengrin zu schreiben. Ein Museum erinnert an die Dresdner Zeit des großen Musikdramatikers. Seinen Spuren auch auf Wanderwegen zu folgen lohnt sich nicht zuletzt wegen der zauberhaften Landschaft. Der Lochmühlenweg führt durch das Wesenitztal und den romantischen Liebethaler Grund zur Lochmühle (etwa 90 Minuten Fußweg).

Dem bronzenen Wagnermonument sieht man an, daß es 1933 eingeweiht wurde: Der Bildhauer Guhr schuf einen mystisch verklärten Gralshüter. *Mit dem Bus 85 von Dresden nach Pillnitz, weiter mit Bus 83*

MUSEUM

Richard-Wagner-Museum
1846 wohnte Richard Wagner nur drei Monate lang in einem Bauernhaus in Graupa, in dem 1979 das Richard-Wagner Museum eingerichtet wurde. Hier soll Wagner durch die Landschaft der näheren Umgebung Anregungen für seine Oper »Lohengrin« empfangen haben. *Richard-Wagner-Str. 6, 01827 Graupa, Tel. 03501/48229, Di–So 9–16 Uhr*

GROSS-SEDLITZ

(**C 4**) ★ Unter den Barockgärten Sachsens ist der von Groß-Sedlitz wohl der schönste. Er liegt 16 km südöstlich von Dresden, auf einem Hügel bei Heidenau. Allein die Treppenanlage mit den geschwungenen Balustraden und den Puttengruppen ist von solch eindrucksvoller Vollkommenheit, daß man auf die ungewöhnliche Idee kam, sie »Stille Musik« zu nennen. Hinter dem Eingang kommt man über das Rasenparterre zur Orangerie. Die barocke Wunderwelt ist voller Überraschungen: Hecken, Baumgruppen, Blumenrabatten, Bassins, Kaskaden und immer wieder Skulpturen, 52 an der Zahl. Ursprünglich waren es 360, aber im Siebenjährigen Krieg und 1813 wurden die meisten zerstört.

Graf Wackerbarth hatte ab 1719 den Garten nach französischem Vorbild anlegen lassen. 1723 kaufte ihn August der Starke und beauftragte seine Architekten Pöppelmann, Longuelune und Knöffel mit der Umgestaltung der Anlage, die meisterhaft vorgenommen wurde. Rauschende Feste fanden hier statt. Später verwahrloste der Garten. Erst 1861 begann die Restaurierung der erhalten gebliebenen Skulpturen, der Orangerie und der Freitreppe. 1872–1874 wurde das alte, baufällige Schloß durch ein kleineres ersetzt.

Der Park, ein Kleinod sächsischer Gartenkunst, ist ständig geöffnet. Führungen vermittelt die Parkverwaltung, *Parkstr. 85, 01809 Heidenau, Tel. u. Fax 03529/519212.* Kaffee und Kuchen und einfache Restaurantküche im Park: *In den Sommermonaten tgl. 7–20 Uhr*
S-Bahn ab Dresden-Hauptbahnhof oder mit dem Dampfer ab Brühlsche Terrasse oder Buslinie nach Pirna bis Heidenau

MEISSEN

(**O**) ★ Weltbekannt ist die Stadt wegen ihres Porzellans. Die beiden gekreuzten blauen Schwerter an der Unterseite machen aus einer Tasse einen Wertgegenstand. Doch Meißen hat noch mehr zu bieten, schon von weitem ist das erkennbar. Wer der Stadt auf der B 6 entgegenfährt, »wird gar anmuthig von dem Anblick Meißens überrascht. Die Albrechtsburg mit dem herrlichen Dom, der Bischofsturm an der Ecke des Berges, der St. Afra-Berg mit der Klosterkirche und der Fürstenschule senken sich zur Stadt in das Triebischtal hin-

Marktplatz mit Rathaus in Meißen

ab, und das ganze schöne Bild spiegelt sich samt der Brücke in der Elbe.« So beschreibt Ludwig Richter, Maler der Romantik und Zeichenlehrer an der Porzellanmanufaktur, seinen ersten Eindruck von der Stadt. Das war 1828. Etwa zur gleichen Zeit kam der Märchendichter Hans Christian Andersen nach Meißen, und das »sah mir recht unheimlich aus; man muß es hier wie mit jedem schönen Gemälde machen: die Augen nicht zu nahe daran halten«.

Beide Zitate sind auch heute noch zutreffend. Von weitem ist Meißen atemberaubend schön. Der Burgberg hebt sich aus dem Elbtal, und die Häuser, eng aneinander gedrängt, scheinen nur diesem Ziel zuzustreben. Als Heinrich I. dieses Felsplateau für den Bau einer Burg bestimmte, ging er indes weniger von der landschaftlichen Schönheit aus als vielmehr von der strategisch günstigen Lage. Hier wollte er die östliche Grenze seines Reiches befestigen. Er ließ den Wald roden, Burg und Wehranlagen bauen, auch eine Kirche für die geistliche Betreuung der von ihm unterworfenen, eben noch heidnischen Slawenstämme. Das war im Jahre 929, und bald darauf entstand die erste Siedlung, Keimzelle Meißens, das jedoch seine erste große Blütezeit 300 Jahre später erlebte. Da war die Markgrafschaft an die Wettiner gefallen, Meißen wurde Mittelpunkt des Sachsenreiches.

Zur Burg kam ein Dom, 1471 baute der sächsische Landbaumeister Arnold von Westphalen die Burg zu einem Schloß um, dem ersten in der deutschen Baugeschichte. Analog wuchs die Stadt, zog Kunst und Handwerk an. Dresden lief Meißen jedoch den Rang ab und wurde Residenzstadt. Erst August der Starke holte es wieder aus dem Abseits. Als er für seine Porzellanmanufaktur einen sicheren Standort suchte, erinnerte er sich der Albrechtsburg. 1710 begann die Produktion der »schönsten und härtesten Scherbe«; erst 1863 zog die Manufaktur um.

Wer also bei der Anfahrt Ludwig Richter begeistert bestätigen wird, kann bald darauf auch Andersens Bemerkung nachvollziehen vom unheimlichen Ort, an den man besser nicht die Augen zu nahe halten sollte.

Daß Meißen mit seinen 1000 Jahren eine der ältesten deutschen Städte ist, wird übertrieben naturalistisch demonstriert. Die zusammengefallenen Häuser mit den leeren Fensterhöhlen, den vernagelten Türen, den balkengestützten, windschiefen Mauern sind jedoch nicht der tausendjährigen Geschichte als vielmehr den letzten vier Jahrzehnten anzulasten. Eine zentralistische Wohnungspolitik gab dem Massenwohnungsbau aus Block und Platte den Vorzug, die alte Wohnsubstanz verfiel. Uraltlasten wie Plumpsklo auf den Höfen und ein seit dem Mittelalter ungelöstes Abwasserproblem kamen dazu. Nun ist ein »Kuratorium Meißen« darangegangen, mit Unterstützung der Partnerstadt Fellbach in einem Pilotprojekt die 24 Hektar große Altstadt Schritt für Schritt grundlegend zu sanieren.

Wer also dem Rat Andersens folgen und die Augen nicht zu nahe halten will, sollte den Ratsweinberg hinaufwandern. Von dort hat man einen herrlichen Blick auf das unregelmäßige Gewirr der Dächer mit den filigranen Giebeln. Alles wirkt kompakt. Die grünen Tupfen dazwischen wachsen aus den kleinen Rosengärten. Spitzwegmotive, wohin man sieht, von gotischen Türmen überragt, von Weinbergen umschlossen.

Die ersten Rebstöcke hat Bischof Benno eigenhändig gepflanzt, so um das Jahr 1000. Sie sollen auf Müllers Weinberg an der Straße am Steinberg gestanden haben. Seit 1600 wird im Spaargebirge systematisch Wein angebaut. Hier ist die wärmste Gegend Sachsens, im Hochsommer klettern die Temperaturen auf über 50 Grad in der Sonne. Da gedeihen Müller-Thurgau und Weißer Burgunder vortrefflich. Man kann ihn an Ort und Stelle probieren, zum Beispiel bei Vincenz Richter.

Meißen ist 26 km von Dresden entfernt. *Täglich verkehren zwischen den Städten Züge (Fahrzeit ca. 1 Stunde). Sa u. So startet um 9.30 Uhr am Terrassenufer ein Dampfer nach Meißen, Fahrzeit 2 Stunden*

BESICHTIGUNGEN

Albrechtsburg

Sie nimmt den nordöstlichen Teil des Burgberges ein, wo an gleicher Stelle vor 1000 Jahren eine Wehrburg stand. 1471 ließen sie die Fürsten Ernst und Albrecht von Wettin zum Schloß umbauen. Sie ist einer der schönsten gotischen Profanbauten. Vor allem beachtenswert sind die Vorhangbogenfenster, die steilen, spitzgiebligen Erker und die

Eingang zur Albrechtsburg

zwei Treppentürme – Großer und Kleiner Wendelstein. Der Große Wendelstein war als Treppenaufgang in seiner Zeit eine bedeutende technische Leistung. Sehenswert sind die reich verzierten Zellengewölbe und das Renaissancerelief zum Thema »Wie Wein und Weib die Weisen bethöret«. Von 1710 bis 1863 befand sich in der Burg die Königliche Porzellanmanufaktur, die erste Europas. Bei späteren Restaurierungen entstanden die meisten Wandmalereien, Historienbilder zur meißnisch-sächsischen Geschichte und 35 Porträts der wettinischen Fürsten. Alljährlich finden Burgfestspiele statt. Es wird vom Turm geblasen und vom Bläserstuhl – wie zu Fürstenzeiten. *März–Nov. tgl. 10–18 Uhr, Dez. und Feb tgl. 10–17 Uhr*

Dom

Der frühgotische Dom, 1260 bis 1410 erbaut, ist mit der Albrechtsburg zu einem Ensemble verbunden. Innen wie außen bewahrte er seine strenge Gestalt. Die Türme wurden jedoch erst 1903–08 vollendet. Sehenswürdigkeiten: die Stifterfiguren – Kaiser Otto I. mit lächelnder Gemahlin – von 1260 aus der Werkstatt des Naumburger Meisters, das Altargemälde 1526 aus der Werkstatt Lucas Cranachs, Kruzifix und Kandelaber von Kändler aus Meißner Porzellan.

In der Gruft der Begräbniskapelle befinden sich die Grabstätten der Wettiner Fürsten.

Das Kornhaus und die Domherrenhöfe begrenzen den Domplatz. In Nr. 8 wohnte der Porzellanmodelleur Johann Joachim Kändler. In Nr. 9 die älteste Gaststätte Meißens. *Dom tgl. 9–18 Uhr, Führungen bis 16.30, Mai–Okt. tgl. 12 Uhr Orgelmusik*

Markt

Hier ist das Zentrum der Altstadt. Seine Bauten wurden durchgängig restauriert und geben eine Vorstellung davon, wie die gesamte Stadt aussehen könnte und hoffentlich bald aussehen wird. Prächtige Bürgerhäuser stehen hier, auch das Fachwerkhaus von Vincenz Richter aus dem 16. Jh. Die spätgotische Frauenkirche erhielt 1929 das erste Porzellanglockenspiel der Welt. Sechsmal täglich erklingen unterschiedliche Choralmelodien: 6.30 Uhr »Wachet auf, ruft uns die Stimme«, 8.30 Uhr »Großer Gott, wir loben Dich«, 11.30 Uhr »Die Himmel rühmen des Ewigen Ehre«, 14.30 Uhr »Wir treten zum Beten«, 17.30 Uhr »Ein feste Burg ist unser Gott« und 20.30 Uhr »Lobet den Herrn«.

Flankiert wird die Kirche von dem Haus des legendären Bischofs Benno und der prächtigen Marktapotheke. An der Nordseite des Marktes steht seit 1472 das Rathaus mit seinem 18 Meter hohen Dach und den schönen Blendgiebeln. Von ihm führt die Burgstraße mit Bürgerhäusern aus dem 16. Jh. über die malerischen Schloßstufen hinauf zum Mitteltor der Albrechtsburg.

Porzellanmanufaktur

Die meisten Besucher vermuten sie noch immer auf der Albrechtsburg. Aber sie zog schon 1863 in ein neues Gebäude im Triebischtal.

Am 23. Januar 1710 gab die Hofkanzlei bekannt, daß der

Kurfürst von Sachsen und König von Polen eine Porzellanmanufaktur errichtet. Das war eine Sensation, denn bisher war es nirgendwo gelungen, dem ostasiatischen Geheimnis der Porzellanherstellung auf die Spur zu kommen, das aber war fast so wertvoll wie Gold. Jahrelang hatte Johann Friedrich Böttger experimentiert, nicht in der Einsamkeit einer Hexenküche, sondern in einem Forschungsteam, zu dem die Naturwissenschaftler Walther von Tschirnhaus, Pabst von Ohain und hochqualifizierte Berg- und Hüttenarbeiter gehörten. 1709 war es soweit. Am 28. März meldete Böttger seinem Fürsten, daß er Porzellan hergestellt habe, dem ostasiatischen gleich, wenn nicht sogar besser.

August der Starke wählte die Albrechtsburg als Standort für die Porzellanmanufaktur, weil sie schwer erreichbar für Werkspione war. Die ersten Produkte waren noch unansehnlich, aber schon 1720 wurde dekoratives Porzellan hergestellt. Das blau-weiße Zwiebelmuster gibt es seit 1738. Die Zwiebeln sind in Wirklichkeit stilisierte Pfirsiche und Granatäpfel, ein fernöstliches Dekor.

1730 kam Johann Joachim Kändler an die Manufaktur, mit seinem Namen verbindet sich die berühmteste Zeit des Meißner Porzellans. Er schuf die zauberhaften Figuren und das weltberühmte Schwanenservice für den Minister Brühl. Kändler gründete auch die Zeichnerschule, an der berühmte Maler lehrten und die bis heute den Nachwuchs der Porzelliner ausbildet. 1500 Mitarbeiter hat die Manufaktur, die Hälfte malt mit der Hand die klassischen und modernen Muster auf das Porzellan, jedes Stück ist ein Unikat. In einer *Schauwerkstatt* kann man zusehen, was ein Dreher, Bossierer, Unter- und Aufglasurmaler macht. Etwa 2000 der ca. 20 000 gesammelten Modelle zeigt die *Schauhalle* im Wechsel *(Di–So 8.30–16 Uhr)*. Einzelstücke und komplette Service sind in einer Verkaufsstelle zu haben. *Talstr. 9, Tel. 03521/46 82 08*

MUSEUM

Stadtmuseum

In der Franziskanerkirche – 1258 gegründet – befindet sich ein Stadtmuseum, das über die Regionalgeschichte informiert. Im Kreuzgang eine Sammlung von Werken des berühmten Porzellanplastikers Johann Joachim Kändler. *Vorerst bleibt das Museum leider wegen Umbau geschlossen*

RESTAURANTS UND CAFÉ

Café Zieger

In der hauseigenen Konditorei werden die »Meißner Fummel« gebacken, 80 Gramm leichte, süße Teigtaschen, gefüllt mit Luft. Sie mußten auf Befehl Augusts des Starken bei den Porzellantransporten von Meißen nach Dresden mitgeführt und bei Ankunft am Hof vorgezeigt werden. Waren sie kaputt, galt das als Beweis, daß der Kutscher nicht sorgsam mit seiner Fuhre umgegangen war. *Rote Stufen 5, Tel. 03521/45 31 47, Di–Sa 8–18 Uhr, So 12–18 Uhr*

Domkeller

Auf dem Burgberg und mit bester Aussicht gelegen. Gutbürgerliche Küche, dazu gibt es selbstverständlich einheimische Weine. *Tel. 03521/45 20 34, Di und Mi 11–20 Uhr, Do 11–14 Uhr, Fr 11–21 Uhr, Sa 11–23 Uhr, Kategorie 3*

Meißner Arkaden
Ein stilvolles Restaurant in einem alten barocken Bürgerhaus, im Sommer wird auch draußen im Hof serviert. *Burgstr. 24, Tel. 03521/45 86 10, tgl. 11 bis 24 Uhr, Kategorie 2*

Probierstube
Die sächsische Winzergenossenschaft reicht und kommentiert hier Meißner Weine. *Bennoweg 9, Tel. 03521/73 53 33, tgl. 17–1 Uhr, Mittagessen nach Vereinbarung*

Rabener Keller
Die Gaststätte befindet sich in einem historischen Kellergewölbe. *Elbstr. 4, Tel. 03521/45 86 10, tgl. 11.30–3 Uhr, Kategorie 2*

Ratskeller
Gutbürgerliche Küche im Rathaus. *Markt 1, Tel. 03521/45 21 77, tgl. 9–21 Uhr, Kategorie 2*

Vincenz Richter
Die Weinschänke ist fast so berühmt wie die Porzellanmanufaktur. Das schöne, gerade renovierte Fachwerkhaus, 1525 als Zunfthaus gebaut, hatte Vincenz Richter 1873 erworben, seitdem ist es in Familienbesitz. Die Gasträume sind reich ausgestattet mit Waffen, Geräten, Gefäßen, Zinn, Porzellan aus mehreren Jahrhunderten. Sogar Folterwerkzeug aus dem Mittelalter ist dabei. Die Spezialität der historischen Gaststätte sind gepflegte Weine, vor allem aus einheimischem Anbaugebiet. Dazu gibt es ein passendes Speisenangebot. *An der Frauenkirche, Tel. 45 32 85, Di bis Sa 16–23 Uhr, Kategorie 2*

EINKAUFEN

Glasvitrine
Meißner Bleikristall, mit üppigem Dekor, passend zu dem Porzellan aus der Manufaktur der Stadt. *Elbestraße 15*

Sächsische Winzergenossenschaft
Meißner Weine direkt von der Quelle. *Markt 10, Tel. 03521/73 55 33, Mo–Fr 9.30–17.45 Uhr, Sa 9.30–13 Uhr; Bennoweg 9, geöffnet wie oben, aber Mo geschlossen*

HOTELS

Parkhotel Pannonia
Relativ neues Haus. *102 Zi., Hafenstr. 27–31, Tel. 03521/722 50, Fax 72 29 04, Kategorie B*

Goldgrund Meißen
Hotel Garni, *23 Zi., Goldgrund 14, Tel. 03521/479 30, Fax 47 93 44, Kategorie C*

AUSKUNFT

Tourist-Information
Die Tourist-Information amtiert in dem schönen historischen Brauhaus. Sie vermittelt Privatzimmer und Mietwagen, organisiert Stadtrundgänge, Führungen in der Albrechtsburg, im Dom, in der Manufaktur und durch die Weinberge. *An der Frauenkirche 3, 01662 Meißen, Tel. 03521/45 44 70, Fax 45 82 40, April–Okt. Mo–Fr 10–18 Uhr und Sa, So 10–14 Uhr, Nov–März Mo–Fr 9 bis 17 Uhr, Zimmervermittlung Tel. 03521/45 20 43*

MORITZBURG

(A 1) 14 km von Dresden entfernt, ist Moritzburg das beliebteste Ausflugsziel in der näheren Umgebung. Schon von weitem leuchtet das Schloß in Ocker und Weiß, den Farben des sächsischen Barocks. Die vier kompakten runden Türme spiegeln sich malerisch in einem ausgedehnten See. Doch die Vermutung, es handele sich um ein den Elementen abgetrutztes Bauwerk, ist falsch. Umgekehrt: August der Starke wollte unbedingt auch eine Seefestung haben. Das Jagdschloß seines Vorfahren, des Sachsenherzogs Moritz, um 1544 auf einer Granitkuppe in einer Sumpfniederung gebaut, schien ihm zwar als Grundstock ganz gut geeignet, aber ein Schlößchen ist kein Schloß und ein Tümpel kein See. Also wurde nachgeholfen. Die genialen Baukünstler Longuelune, Pöppelmann und Knöffel zauberten nach den Ideen ihres Fürsten ein einzigartiges Ensemble. Die Sümpfe wurden melioriert, zwei Dutzend Seen und Teiche angelegt. Einer davon umgab das Schloß, ein anderer erhielt Mole, Leuchtturm, Hafen, ein dritter ist nur für die Schwäne da. Nichts blieb der Natur überlassen, sogar der Wildbestand in den anschließenden Wäldern wurde aufgefüllt. Und während die Damen des sächsischen Hofes Pillnitz bevorzugten, war August am liebsten in Moritzburg. Hier jagte er nach Herzenslust Hirsche und schöne Mädchen, schlug Seeschlachten mit dafür eigens gebauten Schiffen.

Heute ist Moritzburg nicht nur eine historische Sehenswürdigkeit. Im Laufe der Zeit entstand hier ein Refugium seltener Vogel- und Pflanzenarten. Im Herbst und Frühling, zur Zeit des Vogelzuges, rasten auf den

In den Farben des sächsischen Barocks: Schloß Moritzburg

Moritzburger Gewässern Kormorane, Graureiher und Fischadler. In den Teichen gedeiht die Karpfenzucht. Der alljährliche Fischzug im Herbst ist ein Volksfest besonderer Art. Nicht nur Insidern bekannt ist das Moritzburger Hengstdepot, wo Halbblüter für den Reitsport gezüchtet werden. Zu den alljährlichen *Hengstparaden* kommen Pferdeliebhaber aus aller Welt. *Von Dresden-Hauptbahnhof mit S-Bahn bis Radebeul-Ost, weiter mit der Schmalspurbahn bis Moritzburg, oder mit dem Linienbus ab Dresden, Wiener Platz*

BESICHTIGUNGEN

Schloß- und Parkanlage

Die Baukosten für das Schloß (1723–33) betrugen 42 338 Taler. Zum Vergleich: Als August der Starke nach Polen reiste, ließ er sich neue Gewänder im Wert von 1 Million Talern anfertigen. Die Statuen auf den Balustraden der Schloßauffahrt und auf den Terrassen schufen die berühmten Dresdner Bildhauer Permoser, Kirchner und Thomae.

Wildgehege

40 Hektar großer Tiergarten mit Muffel-, Rot- und Damwild, von August dem Starken als »Menagerie aller seltenen Arten von Hochwild« angelegt. Eingang an der Straße von Moritzburg nach Radeburg. *März–Okt. tgl. 10–18 Uhr, Nov.–Dez. tgl. 9–16 Uhr, Jan.–Feb. Sa und So 9–16 Uhr*

MUSEEN

Barockmuseum im Schloß

Die Innenräume des Schlosses sind seit Augusts Zeiten unverändert, ihre barocke Ausstattung blieb vollständig erhalten. Einen interessanten Überblick über die feudale Wohnkultur im 16.–18. Jh. gibt das Museum mit seiner Sammlung auserlesener Stücke des Kunsthandwerks: Sänften, Kutschen, Möbel, Porzellan, Tapeten. Kurios: eine Sammlung seltener Jagdtrophäen und monströser Geweihe. *Mai–Okt. tgl. 10–17 Uhr, April Di–So 10–17 Uhr, März, Nov. Di–So 10–16 Uhr, Dez. Di–So 10–15 Uhr*

Fasanenschlößchen

Ein zierlicher Rokokobau mit Chinoiserien (1769–82) am Großteich, das August III. als Sommersitz nutzte. Heute ist es eine Filiale des Dresdner Tierkundemuseums für seine Sammlung »Heimische Vogelwelt«. Im Sommer finden auf dem Rasen vor dem Schlößchen Konzerte statt. *Auch 1996 noch wegen Renovierung geschlossen.*

HOTEL UND RESTAURANTS

Adams Gasthof

Direkt an der Reitbahn, mit Jagdinterieur, seit 1675 für seine gute Küche bekannt. *Tel. 035207/ 85 70, tgl. 11–23 Uhr, Kategorie 2*

Waldschänke

Hotel (38 Betten) und Restaurant im 1770 erbauten Hegerhaus. Sieben verschiedene Gasträume mit historischer Ausstattung. Auf einem 50 Meter langen Wandfries: der Jagdzug des Kurfürsten Johann Georg I. Im Fürstenzimmer steht ein Barockofen. Spezialitäten: Wildbret und Fisch, Karpfen aus den Moritzburger Teichen, dazu trockener Meißner Weißwein. *Tel.*

035207/489, So–Fr 11.30–22 Uhr, Sa 11.30–24 Uhr, Kategorie 2

VERANSTALTUNGEN

Hengstparade
An den ersten drei Sonntagen im September, auf dem Turnierplatz: Spring- und Dressurreiten, Voltigieren, Anspannen. Höhepunkt ist ein 16er-Zug. Besuch der Stallungen möglich. *Eintritt 10–19 Mark*

Fischzug
Ende Oktober an den Moritzburger Karpfenteichen.

AUSKUNFT

Fremdenverkehrsamt
Haus des Gastes, Schloßallee 3 b, Tel. 035207/85 40, in der Saison (meist 15.6. bis 15.9.) Mo–Fr 9–18 Uhr, Sa, So und an Feiertagen 11–17 Uhr; Sept.–Juni Mo 13.30–16.30 Uhr, Di–Fr 9–16.30 Uhr

PILLNITZ

(C 3) ★ Am südöstlichen Stadtrand Dresdens gelegen, ist Pillnitz bequem mit dem Bus – Linien 83, 85, 95 – zu erreichen. Noch besser ist es, sich dem Ort vom Wasser aus zu nähern. Denn Pöppelmann hat sein Bauwerk bewußt ans Elbufer gestellt, und nur von der Elbe aus ist die ganze Schönheit der Anlage zu sehen. Die Dampfer der Weißen Flotte halten nur ein paar Schritte vom Wasserpalais entfernt. Die Elbinsel gegenüber ist Naturschutzgebiet und darf nicht mehr betreten werden. Pillnitz ist eine Art sächsisches Versailles, kleiner natürlich als sein Vorbild, aber von gleicher Eleganz. August der Starke gab es bei Pöppelmann in Auftrag für seine Mätresse, die Gräfin Cosel, ein wahrhaft fürstliches Geschenk. Allerdings nicht von Bestand, jedenfalls nicht für die Dame, denn als die Schöne in Ungnade fiel, mußte sie das Lustschloß räumen und auf die unwirtliche Burg Stolpen ziehen. Danach wurde Pillnitz für die sächsischen Könige als Sommersitz ausgebaut. Zu den beiden barocken Schlößchen, dem Wasser- und dem Bergpalais (1720–23), kam noch das klassizistische Neue Palais (1818–26). Der zauberhafte Park ist am stimmungsvollsten an einem Sommerabend beim Serenadenkonzert.

BESICHTIGUNGEN

Park
Er wurde 1778–80 als englischer Garten angelegt. Überraschend ist seine Vielfalt. Vom Lustgarten führt der Weg durch die Charmillen – so werden die hohen Weißbuchenhecken genannt – zur Mailbahn. Mail war im 18. Jh. ein beliebtes Spiel bei Hofe. Vor der Orangerie, von Longuelune gebaut, ein Koniferenhain mit Nadelbäumen aus aller Welt, darunter eine Sensation: ein Urwelt-Mammutbaum. Von ökologischen Schäden noch verschont blieb auch die neun Meter hohe und acht Meter breite Kamelie; sie wurde 1770 von Japan hierher gebracht und blüht in jedem Frühling. Im Winter wird sie durch ein mobiles Gewächshaus geschützt. Zum Park gehören außerdem noch ein holländischer und ein chinesischer Garten. *Tgl. 6–20 Uhr, im Winter bis zum Einbruch der Dunkelheit*

Anmutig und phantasievoll: Schloß Pillnitz

Schloßanlage
1720–23 von Matthäus Daniel Pöppelmann, dem Architekten des Dresdner Zwingers, erbaut. Wasser- und Bergpalais sind spiegelbildlich angeordnet und durch einen Lustgarten miteinander verbunden. Sächsisches Barock wurde phantasievoll mit Chinoiserien gemixt, die schieferblauen Dächer erinnern entfernt an Pagoden. Die Flügelgebäude kamen um 1790 dazu. Im Neuen Palais ist vor allem der Festsaal interessant, er wurde von dem Maler Vogel von Vogelstein ausgemalt.

Im Bergpalais befindet sich das Museum für Kunsthandwerk mit Möbeln, Musikinstrumenten, Gläsern, Zinn, Fayencen, Textilien vom Mittelalter bis in die Gegenwart. *Mai–Okt. Di bis So 9.30–17.30 Uhr*

Weinbergkirche
Sie entstand zur gleichen Zeit wie das Pillnitzer Schloß, am Hang des Borsberges, nahe dem Park, auch von Pöppelmann gebaut. Treppe und Portalplastik: Benjamin Thomae.

RESTAURANT

Pillnitzer Elbblick
Gaststätte und Hotel mit guter Küche und herrlichem Blick. *Söbrigener Str. 2, 01326 Dresden, Tel. 0351/261 09 15, tgl. 7–23 Uhr, Kategorie 2; Preisgruppe B*

AUSKUNFT

Tourist-Information
Prager Straße 10, 01069 Dresden, Tel. 495 50 25

RADEBEUL

(**★2**) Die Stadt (37 000 Ew.) grenzt im Nordwesten unmittelbar an Dresden und ist von dort mit der Straßenbahn zu erreichen – Linien 4 und 5. Radebeul liegt in der Lößnitz, dem wärmsten Teil des Elbtales, Landschaftsschutzgebiet und nördlichstes Weinbaugebiet Europas. An den Südhängen des Elbufers wird seit dem Jahr 919 Wein angebaut. Kenner schätzen die Qualität des Müller-Thurgau, Traminer und Ruländer. Die Herrenhäuser der Weingüter sind sehenswert. Im Schloß Hoflößnitz befindet sich ein Weinbaumuseum. Die meisten Besucher kommen jedoch Karl Mays wegen nach Radebeul. Hier, in der *Villa Shatterhand*, hat der phantasievolle und erfolgreiche Schriftsteller gewohnt, dem viele ihr erstes, spannendes Leseerlebnis verdanken. Auf dem Friedhof wurde ihm ein bombastisches Grabmal gesetzt. Wie nah die literarische Welt Karl Mays der Wirklichkeit war, belegt das völkerkundliche Indianermuseum in der *Villa Bärenfett*.

Daß Radebeul auch ein Mekka der Puppenspieler ist, ist weniger bekannt. Auf alle Fälle lohnt es sich, die Puppentheater-Sammlung anzuschauen. Vom Bahnhof Radebeul-Ost fährt von Mai bis Oktober eine Schmalspurbahn mit Dampflok und Originalwagen aus den Jahren 1899 bis 1930 und mit Personal in historischen Uniformen durch die Lößnitz und den Friedenwalder Grund über Moritzburg nach Radeburg.

MUSEEN

Karl-May-Museum

★ In der *Villa Shatterhand*, dem Wohnhaus Karl Mays, informiert eine Ausstellung über Leben und Werk des weltweit bekannten Schriftstellers. In der *Villa Bärenfett*, einem Blockhaus, das im Garten steht, befindet sich ein einzigartiges Indianermuseum: Kult- und Gebrauchsgegenstände, Waffen, Schmuck, Kleidung der Ureinwohner Nordamerikas. *Karl-May-Str. 5, Eintritt 6 Mark, Kinder 3 Mark, März–Okt. Di–So 9–18 Uhr, Nov.–Feb. Di bis So 10–16 Uhr*

Museum Haus Hoflößnitz

Auch wer sich nicht für die Geschichte des Weinbaus in der Lößnitz interessiert, sollte das Schloß besuchen. Es wurde 1649 im Auftrag des Kurfürsten Johann Georg I. im Stil eines sächsischen Weingutes erbaut, innen aber geht es exotisch zu: Albert Eyckhout hat auf 80 Deckengemälden die brasilianische Vogelwelt dargestellt. *Knohlweg 37, Di–Fr, So 14–17 Uhr, Sa 10–17 Uhr*

Puppentheater-Sammlung

Reiche Sammlung von Marionetten, Hand-, Stab- und Stockpuppen aus verschiedenen Ländern. *Barkengasse 6, Di–Fr 9–16 Uhr, jeden letzten So im Monat 10 bis 17 Uhr*

WEINGÜTER

Die Weingüter sind nur von außen zu besichtigen.

Bennoschlößchen

Ältestes erhaltenes Herrenhaus eines Weingutes in der Lößnitz, mit Satteldach, Volutengiebeln, Zwerchhäusern, um 1600 gebaut. *Bennostraße 35*

Haus Sorgenfrei

Das alte Weingut, 1786–89 als dreiflügliges Herrenhaus gebaut, hat einen originellen Dachbelvedere im Zopfstil. *Augustusweg 48*

Wackerbarths Ruh

Graf Wackerbarth, unter August dem Starken Intendant der Zivil- und Militärgebäude, ließ sich 1728 von dem Dresdner Architekten Knöffel ein Palais bauen, dessen schöne barocke Grundform trotz Umbauten noch gut zu erkennen ist. In dem terrassenartig angelegten Garten führt eine Treppe zu einem achteckigen Pavillon. *Jacobstein 44*

RESTAURANT

Spitzhaus

Auf einer Anhöhe über 600 Stufen zu erreichen. *Geöffnet, wenn vom Dach die Fahne weht (Di–Sa 12–22, So 11–18 Uhr), Tel. 0351/746 21, Kategorie 3*

SÄCHSISCHE SCHWEIZ

Wer die prunkende Barockwelt Dresdens verinnerlicht hat, ist versucht, die außergewöhnliche Landschaft auch für eine Idee Augusts des Starken zu halten. Sie wirkt in ihrer phantasievollen Vielfalt wie ein raffiniertes Kunstwerk: Mächtige Tafelberge, bizarre Sandsteinwände, tiefe Schluchten, turmähnliche Felsen, Riffe, Wiesen, Wälder, die Natur bietet hier auf 360 Quadratkilometern sehr viel.

Entstanden ist das alles in der Kreidezeit. Die übergangslos aufsteigenden Gesteinskegel sind Relikte des Meeresgrundes, auf dem sie einmal lagen. Flüsse und Bäche trugen später den Boden ab, fraßen tiefe Canyons, schliffen und formten in Millionen Jahren, die Witterung tat das ihre dazu, bis alles so war, wie es da nun steht – einmalig in Europa! Von Menschenhand sind die Brücken, Treppen, Wege, die Festungsbauten, Freilichttheater, Restaurants und – die riesigen Müllberge, die alljährlich von den Touristen hinterlassen und mühevoll bergauf, bergab abgetragen werden müssen. Und das in einem Landschaftsschutzgebiet! Seit September 1990 ist ein großes Stück zum Nationalpark befördert worden und damit unter Naturschutz gestellt. Frevel wird geahndet.

Eigentlich heißt die Sächsische Schweiz Elbsandsteingebirge. Seinen werbewirksamen Namen sollen die beiden Schweizer Maler Anton Graff und Adrian Zingg im 18. Jh. ersonnen haben, weil die Landschaft sie an ihre Heimat erinnerte. Das benachbarte Dresden war damals die Hochburg der romantischen Maler in Deutschland, die in der bizarren Wunderwelt unzählige Motive fanden. Bei ihren Erkundungen wählten die Künstler eine Route, die noch heute Malerweg heißt.

Richtig erschlossen wurde die Sächsische Schweiz erst durch den Linienverkehr der Dampfschiffahrt seit 1837 und der Ei-

Der Malerweg

So wird eine Route genannt, die Dresdner Maler der Romantik erkundeten und auf der sie ihre malerischen Motive fanden. Er führt von Dresden über Pillnitz durch den Liebethaler Grund, über Lohmen, Uttewalder Grund, Wehlen, Rathen zur Bastei, weiter zum Hockstein und nach Hohnstein, Bad Schandau, durchs Kirnitzschtal, aufwärts zum Lichtenhainer Wasserfall, über den »Kuhstall« und den Großen Winterberg zum Prebischtor. Die Maler gingen diesen Weg zu Fuß!

senbahn seit 1850. Seit 1896 fährt eine Straßenbahn von Bad Schandau durch die Felsenwelt zum Lichtenhainer Wasserfall. Diese Verkehrsmittel sind auch heute noch zu empfehlen. Wer mit dem Auto kommt, sollte sich auf jeden Fall bequeme Schuhe anziehen, denn die Sächsische Schweiz ist ein klassisches Wandergebiet. Die Wanderwege von insgesamt 1200 km Länge sind ausgeschildert und markiert. Es sind ganz sanfte im Tal dabei und solche mit kräftigem Aufstieg. Für professionelle Kletterer ist das Elbsandsteingebirge mit über 10 000 verschiedenen Aufstiegen und 1000 freistehenden Klettertürmen ein Paradies.

Heimatkundliche Lehrpfade, zum Beispiel in Hohnstein und im Kirnitzschtal, bieten interessante Informationen zu dem, was man sinnlich wahrgenommen hat. Man kann es aber auch wie Rotkäppchen machen und vom Hauptweg abweichen auf Pfade, die Karl May bis zu den Indianern führten. Einen Wolf trifft man nicht mehr, und die *Wolfsschlucht* erinnert eher an den *Freischütz*, der alljährlich auf der Felsenbühne Rathen zünftige Urständ erlebt.

Auskunft
Tourismusverband Sächsische Schweiz
Am Bahnhof 6, 01814 Bad Schandau, 035022/49 50, Fax 495 33

BAD SCHANDAU

(**F 5**) Größter Ferienort der Sächsischen Schweiz, nahe der tschechischen Grenze. Vom Dresdner Hauptbahnhof per Eisenbahn in ca. einer Stunde zu erreichen oder per Schiff der Weißen Flotte in ca. sechs Stunden.

Seit Entdeckung der Eisenquelle im 18. Jh. ist Bad Schandau Heilbad, das später durch Pastor Kneipps Kuren bekannt wurde. Vom Stadtbild her ein typischer Badeort. Bemerkenswert ist die Johanniskirche mit einer Sandsteinkanzel von 1705. Schandau ist ein günstiger Ausgangspunkt für Ausflüge in die Umgebung. Gleich hinter der Kurpromenade beginnt das romantische Kirnitzschtal. Die Kirnitzsch ist ein Bach, von dichtem Fichtenwald umgeben. Durch das Tal fährt eine elektrische Bahn, vorbei an altertümlichen Brettmühlen, einem Forsthaus, Ausflugslokalen; es sind acht Kilometer bis zum Lichtenhainer Wasserfall, einer Art Riesen-WC-Spülung: Ein Bergbach wird in einem 30 Meter hohen Becken angestaut und mittels Münzeinwurf und Seilzug als Wasserfall ausgelöst.

Ein Weg führt von hier bergauf zu einer zwölf Meter hohen, neun Meter breiten Grotte namens »Kuhstall«, weil während des 30jährigen Krieges die Bauern hier ihr Vieh versteckten. Vom benachbarten Wildenstein hat man eine herrliche Aussicht.

Hotel
Ferienhotel Lindenhof, alle Zimmer mit Dusche, WC, TV, *Rudolf-Sendig-Str. 11, Tel. 035022/23 24, Fax 33 50, Preisgruppe B*

Restaurants
Lichtenhainer Wasserfall, seit 1852 Lokal mit Hotel *(12 Zi.)*. Die Kirnitzschtalbahn fährt durch den Garten. Die Gaststube hat einen mächtigen Kachelofen. *Tel.*

Marktplatz von Stolpen

035971/3733, Mai–Okt. tgl. 9 bis 22 Uhr, im Winter nach Bedarf, Kategorie 3

Waldhäusl, Fachwerkhaus auf einer Anhöhe mit Terrasse. Forellen und Karpfen kommen frisch auf den Tisch. *Kirnitzschtal 89, Tel. 035022/2366, Nov. bis April tgl. außer Mo 11–21 Uhr, Mai–Okt. 11–22 Uhr, Kategorie 3*

BASTEI

(E 4) ★ Oberhalb Rathens steht dieses einzigartige Landschaftsdenkmal. 700 Stufen führen zu dem steinernen Labyrinth mit Klüften und Schluchten, von schwindelerregenden Stegen überbrückt. Auf der Felsplattform, die 190 Meter über den Fluß ragt, sitzt zwar keine Loreley, aber die Aussicht von da oben auf die Elbe ist genau so schön wie die vielbesungene auf den Rhein. Caspar David Friedrich studierte auf der Bastei das Licht zwischen Fluß und Gebirge. Die Klettergipfel haben phantasievolle Namen: *Große und Kleine Gans, Mönchstein, Kanapee*. Die berühmte steinerne Basteibrücke ist von 1851, dahinter liegt die 1469 zerstörte Neurathener Felsenburg. In den *Schwedenlöchern* suchten die Einheimischen Schutz vor den Schweden, die 1639 Pirna belagerten.

Hotel und Restaurant

Berghotel Bastei, 64 komfortable Zimmer, Terrassencafé, herrlicher Ausblick. *01796 Bastei über Stolpen, Tel. 035024/406, Restaurant tgl. 11–22 Uhr, Kategorie 1*

BURG STOLPEN

(E 3) Sie steht auf einem Basaltberg und am Kreuzungspunkt alter Fernwege, ideale Lage für eine Burg. Um 1100 wurde sie gegründet, im Laufe der Jahrhunderte kamen immer neue Bauten dazu. Sie war Sitz von Bischöfen und Fürsten, Schauplatz von Kriegen und Feuersbrünsten. Richtig bekannt aber wurde sie erst durch die Gräfin Cosel.

Als die berühmte Mätresse Augusts des Starken in Ungnade gefallen war, wurde sie am 24. Dezember 1716 als Staatsgefangene hierher gebracht. Sie war 36 Jahre alt. Nach 28 Jahren stellte man ihr frei, die Burg zu verlassen. Die Cosel blieb, zog in den

Gefängnis der Gräfin Cosel

Turm und starb dort 1765 als alte Frau. In ihrer langen Festungszeit erlebte sie einen gefährlichen Brand, den Siebenjährigen Krieg mit der Besetzung der Burg durch preußische Soldaten, die bei ihrem Abzug Teile der Burg zerstörten und zwei Jahre später als Kriegsgefangene wiederkamen. Porträts der Schönen hängen an der Wand. Im Coselturm stehen noch ihre Möbel. Die größten Zerstörungen verursachte Napoleon auf seinem Rückzug. Was übrigblieb, ist immer noch bemerkenswert, beispielsweise die Wachstube mit dem herrlichen Gewölbe, Marstall, Schößer- und Siebenspitzenturm, Schloßbrunnen und Coselturm. *April–Okt. tgl. 9–17 Uhr, Nov. und März tgl. 9–16 Uhr*

HOHNSTEIN

(**E 4**) Ein Festungswerk wie Königstein, aber eher unwirtlich und grau. Die Burg wurde auf einem überhängenden Felsen gebaut, der 100 Meter steil abfällt. Hohnstein war das erste Konzentrationslager der Nationalsozialisten.

Das Bergstädtchen (14 000 Ew.) breitet sich in einer zerklüfteten Talmulde aus, bis hinauf in die dicht bewaldeten Höhen. *Die Burg kann von März bis Okt. tgl. von 9–17 Uhr besichtigt werde. Hohnstein erreicht man von Bad Schandau mit dem Bus*

Auskunft

Gästeamt Rathausstr. 10, 01848 Hohnstein, Tel. 035975/250, Fax 251

Hotel/Restaurant

Ferienhotel am hohen Stein, 1993 renoviert, Gaststätte mit sächsischen Spezialitäten. *Marktgasse 1, Tel. 035975/210, Preisgruppe C*

KÖNIGSTEIN

(**E 5**) ★ Der Königstein ist ein Tafelberg und hat folglich viel Platz für eine Burganlage mit Wachtürmen, Zugbrücken, Kasematten; der 152 Meter tiefe Brunnen ist ein technisches Wunderwerk, die 1589 erbaute »Kaserne A« ist der vermutlich älteste deutsche Kasernenbau. In der Georgenburg über dem Haupteingang wurde Johann Friedrich Böttger von 1706 bis 1707 gefangengehalten. Alles ist von einer Festungsmauer umgeben. Ein Rundgang erstreckt sich über 1700 Meter.

Die vermutlich um 1200 angelegte Burg böhmischer Könige gehörte ab 1459 den Wettinern. Der Ausbau der Burg zog sich bis ins 19. Jh. hin. Bezwungen wurde das imposante Bau werk noch nie. Professionelle Eroberer wie Peter I. und Napoleon weilten hier nur als Gäste. In Krisenzeiten war Königstein Zufluchtsort für den sächsischen Hof. Hierher floh August III. vor den Preußen und einer seiner Nachkommen 1849 vor seinen aufständischen Untertanen. Die Festung war ein sicherer Aufbewahrungsort für Staatsschätze und Kunstsammlungen. Politische Widersacher wurden hier eingesperrt, beispielsweise Bakunin, Wedekind, Bebel und französische Offiziere im Zweiten Weltkrieg. Heute ist die ganze Anlage Museum. *Tel. 035021/ 683 74, Ostern–Sept. tgl. 9–20 Uhr, Okt. tgl. 9–18 Uhr, Nov.–Ostern tgl. 9–17 Uhr. Vom Reißigerplatz fährt eine Bahn auf die Festung.* Ein Ausflug zum Lilienstein gegenüber lohnt sich.

Hotel mit Restaurants

Haus am Lilienstein, Ebenheit 7, 01824 Königstein, Tel. u. Fax 035022/2704, Preisgruppe B

Hotel Lindenhof, Gohrischer Str. 2, 01824 Königstein, Tel. u. Fax 035021/682 43, Preisgruppe B

Auskunft

Fremdenverkehrsbüro, Dresdner Str. 1, 01824 Königstein, Tel. 035021/ 682 61, Fax 683 23

PIRNA

(D 4) »Tor der Sächsischen Schweiz« wird die kleine Stadt

Auf steilem Felsen über der Stadt: Burg Hohnstein

Kletterfelsen Falkenstein

Am 6. März 1864 wurde zum ersten Mal ein Felsen der Sächsischen Schweiz bezwungen. Turner aus Bad Schandau kletterten auf den Gipfel des Falkensteins. Erst 28 Jahre später wiederholten die Kletterfreunde Oscar Schuster und Martin Klimmer den Aufstieg von der Nordseite her, bekannt geworden als »Schusterweg«.

Heute führen auf den 80 Meter hohen Falkenstein 90 verschiedene Kletteraufstiege der Schwierigkeitsgrade III bis Xa. Es ist eine hohe Kunst, die steilen und grifflosen Felsen zu besteigen. »Echte« Kletterer lehnen alle künstlichen Hilfsmittel ab. Seil, Karabinerhaken und Ringe dienen nur Sicherheitszwecken.

(45 000 Ew.) genannt. Und da in der Tat viele Zufahrtsstraßen über Pirna führen, lohnt es sich, am Marktplatz auszusteigen, denn hier ist Sehenswertes konzentriert: Das Rathaus mit seiner interessanten Uhr und den beweglichen Figuren im Wappen, das Canalettohaus mit der spätgotischen Giebelfront, so genannt, weil es Canaletto in den Mittelpunkt seines Gemäldes *Der Marktplatz zu Pirna* stellte, die Apotheke von 1578 mit Sitznischenportal, das Gasthaus zum Weißen Schwan, das Handelshaus von 1673 mit Barockportal. Sehenswert ist auch die Stadtkirche von St. Marien, eine spätgotische Hallenkirche (1502–44). Die Ausmalung im Inneren ist noch die originale von 1544. Schloß Sonnenstein war ursprünglich eine Burganlage, 1296 zum ersten Mal erwähnt. Sie wurde später zu einer Festung ausgebaut, die sogar den Schweden widerstand. Seit 1811 psychiatrische Heilanstalt, wurden hier 1940/41 nach einem Euthanasieplan über 13 000 Kranke umgebracht.

In dem Haus Schmiedestraße 19 steht das Geburtshaus des berüchtigten Ablaßpredigers Johann Tetzel, des Widersachers Martin Luthers.

Restaurants

Weißes Roß,
Gutbürgerliche Gaststätte, *Königsteiner Str. 3, Tel. 03501/ 44 74 09, tgl. 9–23 Uhr, Kategorie 3*

Schöne Höhe
Mit Aussicht auf die Stadt und die Umgebung. *Burglehn 13 a, Tel. 03501/52 73 95, Mo–Di 11–15 und 17–24 Uhr, Sa 11–24 Uhr, So 11–21 Uhr, Kategorie 3*

Auskunft

Fremdenverkehrsamt, Dohnaische Straße 31, 01796 Pirna, Tel. 03501/52 84 97, Fax 55 62 66, Mai–Okt. Mo–Fr 9–18 Uhr, Sa 9–12 Uhr, Nov.–April Mo–Di 9–15 Uhr, Mi–Fr 9–17 Uhr

RATHEN

(**E 4**) Am Fuße der Bastei gelegener kleiner Kurort. Von hier lohnt sich ein Spaziergang zum Amselsee, der durch Anstauung des Grünbaches entstand. Ringsum die märchenhafte Felsenkulisse mit *Mönch, Talwächter, Loko-*

motive und dem Massiv *Große Gans.*

Die *Felsenbühne Rathen* ist ein berühmtes Freilichttheater. Im Sommerhalbjahr werden hier Aufführungen geboten, die sich für diese Naturkulisse besonders gut eignen, z.B. *Der Freischütz.* Sehr beliebt sind die dramatisierten Indianerromane Karl Mays. *Eintrittskarten gibt es direkt an der Kasse der Felsenbühne tgl. 9–15 Uhr und an der Abendkasse, Tel. 035024/496; Spielplan und Kartenvorbestellung: Landesbühnen Sachsen, Meißner Str. 152, 01445 Radebeul, Tel. 0351/70 42 14*

Von Dresden erreichen Sie Rathen per S-Bahn in Richtung Schöna. Bis Rathen ca. 40 Minuten, übersetzen mit der Elbfähre. Fußweg bis zum Theater ca. 25 Minuten

WEESENSTEIN

(C 4) 15 Kilometer südöstlich der Dresdner Stadtgrenze, an den Ausläufern des Osterzgebirges, liegt der kleine Ort mit großem Schloß. Schon von weitem ist es zu sehen, denn es steht auf einem Felssporn über dem Tal der Müglitz. Ursprünglich war es eine Grenzburg, um 1200 gegründet, der imposante Rundturm entstand um 1300, das schöne Renaissanceportal 1575, die Schloßbrücke 1741. Um 1780 wurde der französische Park entlang der Müglitz angelegt. *Tgl. außer Mo 9–18 Uhr. Erreichbar per Eisenbahn von Dresden-Hauptbahnhof (umsteigen in Heidenau)*

Das Besondere am *Schloß Weesenstein* ist seine Innenausstattung. Sie präsentiert eine der bedeutendsten Tapetensammlungen der Welt. Die Ledertapete im Festsaal wurde aus gleich großen Häuten zusammengenäht, geprägt, vergoldet, bedruckt, bemalt, ein Kunstwerk, um 1700 in Frankreich hergestellt. *Das Unterschloß ist von Ostern bis 31. Okt. Di–So 9–18 Uhr geöffnet. Tel. 035027/54 26*

Eine Dampferfahrt lohnt immer: die Elbe bei Rathen

Von Auskunft bis Veranstaltungstips

Wir sagen Ihnen, wo Sie Rat und Hilfe finden

AUSKUNFT

Tourist-Information
Die Tourist-Information ist das zentrale Auskunfts- und Organisationsbüro der Stadt. Es macht auf Wunsch einen individuellen Plan für den Gast, vermittelt Übernachtungen, bietet Stadtrundfahrten an, organisiert Stadtführungen für Gruppen, vermittelt Mietwagen und Taxi, besorgt Karten für alle Veranstaltungen, organisiert Ausflüge in die Umgebung. In den Geschäftsstellen werden Stadtpläne und Souvenirs verkauft. Hier liegen alle Veranstaltungsprogramme aus. (**I 5**) *Prager Str. 10, 01069 Dresden, gleich am Hauptbahnhof, Tel. 49 19 20, Fax 352 47, März bis Okt. Mo–Fr 10–18 Uhr, Sa und So 10 bis14 Uhr, Nov.–Feb. Mo–Fr 9–17 Uhr, Straßenbahn 3, 7, 8, 9, 10, 26*
(**I 2**) *Zweigstelle Neustädter Markt (Unterführung) Tel. 535 39, Mo–Fr 9–18 Uhr, Sa 9–16 Uhr, So und feiertags 10–16 Uhr, Straßenbahn 4, 5*

APOTHEKEN

Tag und Nacht geöffnet ist die Apotheke Prager Straße, nahe dem Hauptbahnhof. Welche Apotheken noch dienstbereit sind, erfährt man über die Telefon-Nr. *00 11 500.*

AUSSICHTSPUNKTE

Kreuzkirchen-Turm (**I 4**)
Mit über 90 Meter Höhe ist er der Turm der Kreuzkirche das dritthöchste Bauwerk der Stadt. *Geöffnet außerhalb kirchlicher Veranstaltungen im Sommerhalbjahr tgl. 10–18 Uhr, Winterhalbjahr 10–16 Uhr, Eintritt 2 Mark, Kinder 1 Mark*

Luisenhof (**O**)
Die Terrassen des Restaurants, der »Balkon Dresdens«, bieten einen einzigartigen Blick auf das Elbtal. *Bergbahnstr. 8, Tel. 368 42; Standseilbahn ab Körnerplatz 2, Straßenbahn 11 bis Plattleite*

AUTOVERMIETUNGEN

Europcar
Liebstädter Str. 5, (**O**) *Tel. 251 62 63, Schlesischer Platz 1,* (**I 1**) *Tel. 502 22 54, Flughafen Klotzsche,* (**O**) *Tel. 589 45 91*

Hertz
Im Hotel Bellevue, (**I 2**) *Tel. 502 38 90, Flughafen Klotzsche,* (**O**)*Tel. 584 169*

Sixt
Im Dresden Hilton, (**I 3**) *Tel. 484 16 96, im Mercure Newa,* (**I 5**) *Tel. 495 60 12, Flughafen Klotzsche,* (**O**) *Tel. 589 45 91*

Limousinen & Chauffeur Service Kreisel (**I 2**)
Im Hotel Bellevue, Tel. 566 26 15

BANKEN

Alle großen deutschen Banken haben Niederlassungen und sind zu den üblichen Geschäftszeiten geöffnet. Geldwechseln können Sie auch am Sonntag 9–13 Uhr im Hauptbahnhof.

BEHINDERTENHILFE

Bei der Tourist-Information, Prager Straße, gibt es eine Broschüre mit Hinweisen für Behinderte. Ein Behindertentaxi erreichen Sie unter *Tel. 435 32 36.*

FUNDBÜROS

Fundbüro der Stadt Dresden (**O**)
Hamburger Str. 19, Tel. 488 42 81, Mo, Mi, Do 8–12, 13–16 Uhr, Di 8–12 Uhr, Fr 8–12 und 13–14 Uhr, Straßenbahn 1, 8

Kutsche am Theaterplatz

Fundstelle Deutsche Bahn
Hauptbahnhof (**H 5**), *Tel. 461 32 85, Mo, Mi, Fr 6.30–12.30 und 13–15 Uhr, Di 9–11 und 13–18 Uhr, Straßenbahn 5, 9, 10, 11*
Neustädter Bahnhof (**I 1**), *Tel. 461 37 37, Straßenbahn 3, 6, 11, 26*

NOTARZT – NOTFÄLLE

Polizei 110
Feuerwehr 112
Schnelle medizinische Hilfe 115
Dringende medizinische Hilfe (Rettungsamt) Tag und Nacht Tel. 522 51
Kassenärztlicher Notfalldienst (Vermittlung von Hausbesuchen 19–7 Uhr) Tel. 459 51 12

Dresden Card

Mit ihr hat man freie Fahrt auf allen Straßenbahn- und Buslinien sowie den Elbfähren im Stadtgebiet. Ermäßigung bei Stadtrundfahrten, freier oder ermäßigter Eintritt in viele Museen. Es gibt die Dresden Card als Einzelkarte (für 24 Stunden 9,90 Mark, für 48 Stunden 19 Mark) und als Familienkarte für zwei Erwachsene und bis zu vier Kinder unter 14 Jahre (für 24 Stunden 21 Mark, für 48 Stunden 33 Mark).
Man erhält die Dresden Card bei der Tourist-Information Prager Straße 10 und am Neustädter Markt sowie beim Zentralen Kulturservice im Kulturpalast, Schloßstraße 2. Dort erfahren Sie auch, ob sich der Kauf der Karte für Ihre Vorhaben wirklich lohnt.

ÖFFENTLICHE VERKEHRSMITTEL

Mit Bus und Straßenbahn kommt man schnell in jede Gegend. Das Verkehrsnetz ist dicht, die Verkehrsmittel kommen tagsüber alle zehn Minuten, der Fahrpreis beträgt für vier Stationen eine Mark, für 60 Minuten bei beliebiger Entfernung 2 Mark (Normaltarif). Preis der Tageskarte 6 Mark, der Familientageskarte (für zwei Erwachsene und bis zu vier Kinder) 7 Mark. Fahrkarten muß man vor Fahrtantritt besorgen, in Kiosken der Dresdner Verkehrsbetriebe, auf Bahnhöfen, in Geschäften, Hotels und Warenhäusern. Nachts verringerte Wagenfolge, also vorher den Fahrplan lesen!

Bergbahnen

Schwebeseilbahn (ab Pillnitzer Landstraße) und Standseilbahn (ab Körnerplatz) fahren alle 30 Minuten auf die Elbhänge. Einzelfahrt 2,50 Mark, Berg- und Talfahrt 4 Mark. *Mo–Fr 5.30 bis 23.15 Uhr, Sa 6.30–23.15 Uhr*

Eisenbahn

Zwischen Dresden und seinen Vororten verkehrt die Eisenbahn als Stadtbahn. Vom Hauptbahnhof oder vom Bahnhof Neustadt fahren Züge nach Niederau-Weinböhla, Arnsdorf, Tharandt, Radebeul, Meißen. Für 17 Mark können jeweils zwei Erwachsene und bis zu drei Kinder ganztägig mit der CityRegioCard bis Meißen und in die Sächsische Schweiz fahren. *Bahnauskunft Tel. 471 06 00*

Elbfähren

Sie verkehren abseits der Brükken zwischen den Stadtvierteln: (**M 1**) *Johannstadt-Neustadt,* (**O**) *Kleinschachwitz–Hosterwitz (Autofähre),* (**O**) *Tolkewitz–Pappritz,* (**O**) *Laubegast–Niederpoyritz,* (**O**) *Schlachthof–Pieschener Winkel,* (**O**) *Zschieren–Söbrigen*

Raddampfer-Flotte

Am Terrassenufer, unterhalb der Brühlschen Terrasse, ist die Anlegestelle der ältesten und größten Raddampferflotte der Welt, zu

Ideal für Wanderer: das Elbsandsteingebirge bei Bad Schandau

Graf Heinrich von Brühl

»Der Medici, Richelieu und Rothschild seiner Zeit« nennt ihn ein Biograph. Er besaß 1500 Perücken, das einzigartige Schwanen-Service und die Gunst zweier sächsischer Fürsten. August der Starke nahm den höflichen jungen Mann in seine Dienste, übertrug ihm immer mehr Ämter. Als August 1733 nach Warschau reiste, um die polnische Wahlkrone in eine erbliche umzuwandeln, kurz vor seinem Ziel aber starb, gelang es Brühl, den Tod elf Stunden lang zu verheimlichen, Zeit genug, um 73 Wagenladungen mit Kostbarkeiten außer Landes zu schaffen, ehe publik wurde, daß Polen königslos geworden war.

der zehn Schiffe gehören, das älteste von 1879, die neuesten von 1994. Es werden Liniendienste flußaufwärts bis Bad Schandau und -abwärts bis Seußlitz angeboten. Wem die ganze Strecke zu lang ist, der kann unterwegs aussteigen. Bis Blasewitz zahlt man 6 Mark, bis Bad Schandau 24 Mark – Kinder 14 Mark. Es gibt Fahrten nach Tschechien mit Duty-free-Verkauf an Bord. Reizvoll ist zwischen Mai und September die tägliche Stadtführung von der Elbe aus (zwischen 10 und 18 Uhr alle zwei Stunden). Von Mai bis September werden freitags Dixielandfahrten angeboten. *Fahrpläne und Auskunft über die Tourist-Information oder bei der Sächsischen Dampfschiffahrts GmbH, Lingnerallee 3, 01069 Dresden, Tel. 0351/ 496 92 03, Fax 496 93 50*

PARKEN

Es gibt bewachte Parkplätze und unbewachte mit Zeitbefristung, eine Parkscheibe ist nötig. Die Parkplätze in der Innenstadt sind fast alle gebührenpflichtig: 1–2 Mark pro Stunde. Parkplätze: (**I 4**) *Altmarkt*; (**H 4**) *Wallstraße*; (**H 3**) *am Zwinger*; (**I 3**) *Theaterplatz*; (**I 3**) *Neumarkt*; (**H 5**) *Hauptbahnhof*; (**I 4**) *Gewandhaus*; (**I 3**) *Terrassenufer*; (**L 3**) *Ziegelstraße*; (**K 5**) *Lingnerplatz*; (**I 6**) *Wiener Straße*; (**I 3**) *Augustusplatz*; (**K 2**) *Wigardstraße*. Viele Hotels haben eigene Parkplätze.

POST

Postämter mit erweiterten Schalteröffnungszeiten: (**H 3**) *Am Queckbrunnen Mo–Fr 8–19 Uhr*; (**H 5**) *St. Petersburger Str., Eingang Prager Straße, Mo–Fr 8–18 Uhr, Sa 9–12 Uhr, So 10–11 Uhr.*
Fernsprech-Ortsauskunft Tel. 011 88, Fernauskunft Tel. 001 18, Vorwahl Dresden 03 51

STADTBESICHTIGUNGEN

Rundgänge zu Fuß (mit kundigen Führern) vermittelt Ihnen die Tourist-Information, Prager Straße, Stadtrundfahrten mit der *Straßenbahn tgl. 10 und 14 Uhr, Sa, So und feiertags auch um 12 und 16 Uhr ab Postplatz* (**H 3**). *Mit dem Bus ab Dr.-Külz-Ring* (**I 4**) *tgl. 10.30, 12.30 und 14.30 Uhr.* Interessante thematische Führungen werden angeboten durch *igeltour, Pulsnitzer Straße 10, 01099 Dresden, Tel./ Fax 545 57*

TANKSTELLEN

Tag und Nacht geöffnet sind die Tankstellen (**I 6**) *Wiener Straße*; (**K 1**) *Bautzner Straße 72*; (**O**) *Radeburger Str., Autobahnauffahrt Nord*

TAXI

Standplätze sind mit einem weißen T auf blauem Grund gekennzeichnet. *Funktaxi Tel. 4598112, Behindertentaxi: Tel. 4353236*

THEATERKARTEN

An den Abendkassen der Theater kann man auf gut Glück versuchen, Karten zu bekommen. Die großen Hotels bestellen Theaterkarten für Sie. Die zentrale *Vorverkaufskasse ist in der Alten Wache am Theaterplatz, Tel. 48420.* Schriftlich bestellen kann man auch Karten für alle Staatstheater beim *Besucherdienst, Postfach 120908, 01008 Dresden*

VERANSTALTUNGSKALENDER

Die Tourist-Information gibt jeden Monat eine Broschüre heraus über alle Veranstaltungen. Zu erwerben oder zu bestellen bei Tourist-Information, *Prager Straße 10, 01069 Dresden, Tel. 491920, Fax 35247.* Die Dresdner Tagespresse informiert.

WETTER IN DRESDEN

Die monatlichen Durchschnittswerte im Überblick

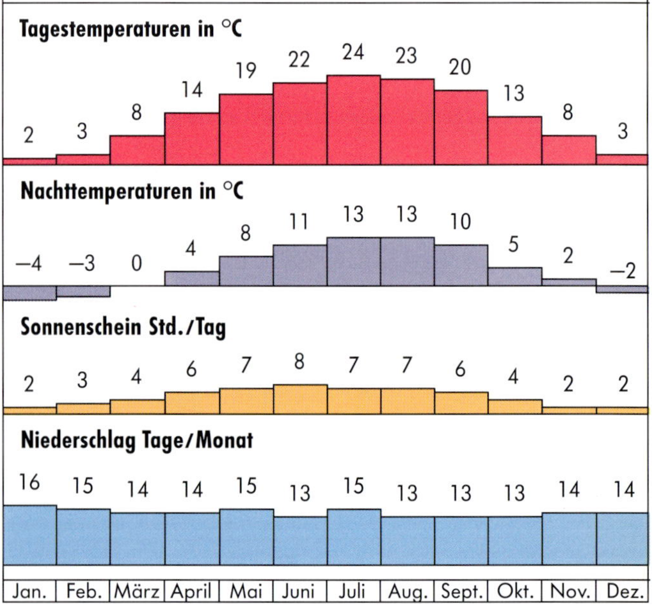

Bloß nicht!

Vorsicht ist besser als Nachsicht. Hier erfahren Sie, welche Probleme Sie vermeiden können

»Händler« und Vermittler

In Dresden, wie überall in den neuen Bundesländern, gibt es vielfach einen regen Schwarzhandel mit Zigaretten, betrieben von Ausländern. Vorsicht! Auch der Kauf ist strafbar.

Ein Relikt aus jener noch nicht so lange vergangenen Zeit, da es fast unmöglich war, in Dresden ein Hotelbett aufzutreiben, sind die wilden »Zimmervermittler«, die am Bahnhof komfortable Privatquartiere zu günstigen Preisen anbieten. Meist stellt sich heraus, daß die Zimmer alles andere als komfortabel und die Preise überhöht sind. Es ist allemal besser, die Zimmervermittlung der Tourist-Information in Anspruch zu nehmen.

Die »Räuber« in Dresden

Daß man in Szenecafés und -kneipen interessante Leute treffen kann, steht außer Frage. Aber: Unter den bunten Vögeln gibt es auch höchst zweifelhafte Exemplare. Die Taschendiebstähle haben sprunghaft zugenommen.

Vorsicht im Rotlichtmilieu: Hier stoßen die Loddel aus dem Westen mit der russischen Mafia zusammen.

Ossis – Wessis

»Ossis« reagieren sehr empfindlich auf Arroganz und Besserwisserei. Sie wissen selbst sehr genau, was bei ihnen noch im argen liegt, man muß es ihnen nicht dauernd sagen.

In diesem Register sind alle in diesem Führer erwähnten Sehenswürdigkeiten, Orte und Hotels verzeichnet. Halbfette Ziffern verweisen auf den Haupteintrag, kursive auf ein Foto.

Sehenswürdigkeiten und Orte

Hotels/Dresden